お店やろうよ！㉕

はじめての「ネイル&まつげサロン」オープンBOOK

技術評論社

INTRODUCTION

女性の「キレイ」を高い技術と
コミュニケーション力で実現!

NAILS & EYES

いつの時代でも女性がキレイでいたいと願う気持ちは同じ。近年は、自分に似合う色やデザインで、指先や目元を美しく演出したいという人が増えています。

とくにネイルアートとまつ毛エクステに人気が集中。お客さまの要望を聞き、人気サロンでは、一人ひとりに合わせた施術を行っています。

ネイルの世界では、ジェルネイルが一般の消費者にも浸透。ジェルを塗布したあと、UVライトなどを当てて硬化させるので、施術後すぐの日常生活にも支障がないことも人気の理由です。ジェルの質が格段によくなったことで施術料金が安くなり、美しさをより長

For BEAUTIFUL

く維持できるようになりました。また、まつ毛の専門サロンも登場。ネイルと同時に施術することもできるまつ毛パーマやエクステンションをメニューに取り入れているサロンも多くなっています。

美を追究する多くの女性たちの人気を集めているサロンですが、これからは技術だけではなく、高いカウンセリング力が求められます。お客さまの指先や目元に対するコンプレックスの解消するコミュニケーションこそが大切。リピーターを獲得するための技術と接客、魅力的なサロンをつくるためのアイデアも必要になるでしょう。

INTRODUCTION

これからのサロン経営者に必要なこと

ネイルアートやまつ毛エクステの人気が高まると同時に、サロンの出店数は近年、大幅に増えています。これからサロンをはじめようとするなら、競合店に負けない魅力が必要になるでしょう。お客さまに安心して施術を受けてもらうには、豊富な経験に支えられた実力をつけたいところです。

そのためには、スクールで確かな知識と技術を身につけること。爪を削ったり、デリケートな目元に施術したりするので、衛生面での専門知識も必要になります。

その後、実際にサロンに勤めて実力と自信をつけてから独立開業するというケースがほとんどです。価格面での競争も激

Private nail salon Lunar

Nail! Nail! Nail!

Nail Salon LAURE'A

Petite Luxe

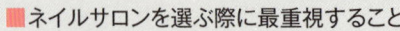

ネイルに関するアンケート

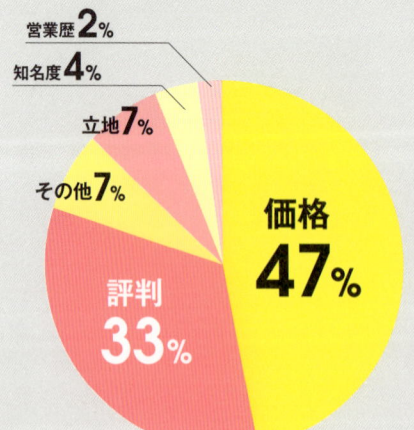

■ ネイルサロンを選ぶ際に最重視すること
- 価格 47%
- 評判 33%
- その他 7%
- 立地 7%
- 知名度 4%
- 営業歴 2%

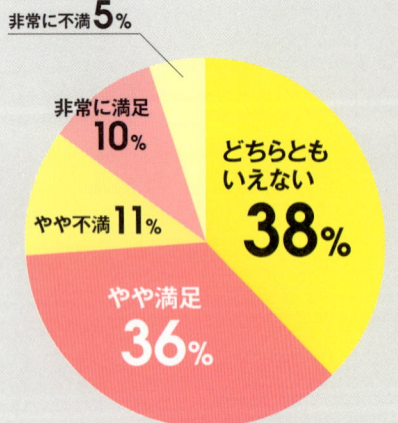

■ 1回あたりの価格に満足していますか?
- どちらともいえない 38%
- やや満足 36%
- やや不満 11%
- 非常に満足 10%
- 非常に不満 5%

(出典:横山総合研究所「ネイルサロン関連リサーチ」2011年2月)

しくなっており、経営者としての努力も欠かせなくなっています。

ネイリスト、アイリストの独立方法としては、ビルや路面店など店舗用物件に入居するテナントスタイル、マンションの1室をサロンとして使うマンションスタイル、ヘアサロンの一角をスペース借りするもの。あるいは自宅で開業するケースも少なくありません。

第1章では、そんな11の人気サロンを訪れて、お店のはじめ方から内装やインテリアの工夫、接客と施術メニューの特徴などを聞きました。これからサロンをはじめてみたいという人に役立つヒントがあるはずです。

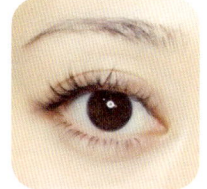

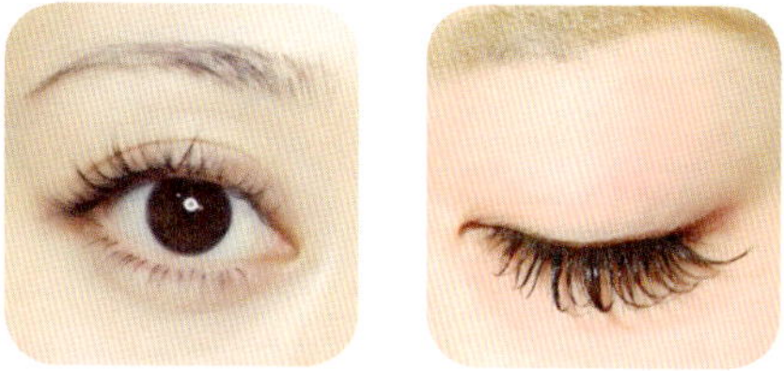

Mihily & Nirvana

Eyelash Salon nike

まつ毛に関するアンケート

■ 過去1年にオーダーした施術メニュー

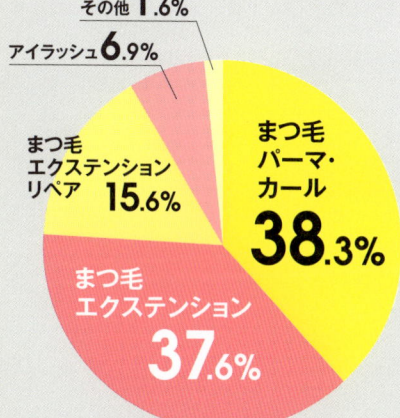

- その他 1.6%
- アイラッシュ 6.9%
- まつ毛エクステンションリペア 15.6%
- まつ毛エクステンション 37.6%
- まつ毛パーマ・カール 38.3%

■ 1年間の利用回数と平均利用金額

	年間利用回数	平均利用金額（1回）
まつ毛パーマ・カール	3.56回	2,855円
まつ毛エクステンション	3.72回	5,182円
まつ毛エクステンションリペア	4.57回	4,031円
アイラッシュ	2.90回	4,055円

（出典：「美容センサス2013年下期《アイビューティサロン編》」Beauty総研調べ）

ネイル&まつげサロン

オープンまでのスケジュール

まずはオープン予定日を設定して、1年間のスケジュールを立ててみよう。
全体を見渡し、時間的な目標を決めることで、
より具体的に何をすればいいのかがわかってくるはずだ。

▼CHECK LIST

1～3カ月め
人気サロンをめぐってみよう
今人気があるのはどんなサロンなのか、実際に自分が客として施術を受け、五感で確かめてみよう。お気に入りのお店だけでなく、さまざまなお店を回ることが大切。チェックしたことを参考に、自分のお店づくりに役立てよう。

- [ ] 施術メニューと技術、価格、接客、雰囲気など、人気の理由を分析。客層なども確認する。
- [ ] 雑誌、ネットなどで、市場ニーズなどの最新トレンドを把握しておく。
- [ ] サロン以外のお店や、そのほかの業種なども幅広くとらえる。

4～5カ月め
自分の考えるサロンを描いてみよう
さまざまな人気店と情報をヒントに、自分らしい施術を提供できるサロンを描いてみよう。すべての基本となるコンセプトをきちんと設定することが大切。自分がやりたいこと、自分ができることを明確にしておこう。

- [ ] やりたいことだけでなく、資金や客層など、必要なものや求められていることも考慮。
- [ ] 人気店の単なるマネや、情報に踊らされるのではなく、自分が納得したものを貫く。
- [ ] 迷ったときは、もう一度コンセプトを見つめ直してみよう。

6～8カ月め
オープンに向けて準備開始！
希望のエリアを自分の足で歩いて、物件探しをはじめよう。いくつかの物件のなかからコンセプトに基づいて、家賃、立地、規模、カタチなどを絞り込んでいく。妥協できることと、できないことを明確にしておくことも大事。

- [ ] 競合店があれば、周辺の通行量など、時間、曜日ごとにチェック。
- [ ] 物件相場と状態、必要な設備や条件に見合った物件はあるかを検討。
- [ ] 信頼できる設計事務所、施工会社の選定をし、必要なお金を計算する。

9カ月め
お金の準備をしっかりと
できるだけ自己資金でまかないたいが、融資を受ける場合はしっかりとした創業計画書を用意しなければいけない。初期投資はできるだけ低く抑え、運転資金を多めに残すなど、余裕のある資金計画をしよう。

- [ ] 開業資金、開業後に必要な資金を計算し、不足する場合はお金の借り方を調べる。
- [ ] 創業計画書は何度も練り直し、客観的で実現性のある内容になっているかを確認する。
- [ ] 保健所や税務署などへの届け出の準備をしておく。

10カ月め
いろいろなモノをそろえよう
備品や道具類などは、大きさや値段、デザインなどにも気を配ろう。直接自分の目で見て使いやすさを確認すること。材料を業者から仕入れる場合は、必ずサンプルを取り寄せて確認したい。

- [ ] 材料や店販品の仕入れ業者は、複数のなかから比較検討して選ぶ。
- [ ] 材料や道具類は必ず自分の目で確かめること。
- [ ] 大きなリクライニングチェアなどがあれば、搬入をいつにするか工事の進捗状況を見て決めておく。

11～12カ月め
オープン直前はお店周りの総仕上げ
店名の決定、ロゴや看板の制作、施術の進め方、接客サービスの具体的なルールづくりをしていこう。オープン前には本番同様のリハーサルを行い、問題がないかチェックしたい。もしあれば事前に解決するチャンスだ。

- [ ] サロンの再点検をし、オープンの告知、PR方法を考える。
- [ ] 仕入れや在庫の状況、施術手順、接客ルールの確認。設備の動作確認など。
- [ ] 施術室やトイレ、窓などがきれいに保たれているかを確認する。

CONTENTS

002　INTRODUCTION

第 1 章

お客さまに満足してもらうための秘訣
11の人気サロンを徹底チェック!

ネイル＆アイラッシュの専門サロン

- 012　**01**　お客さまに〝特別感〟を抱かせる…そんなネイルサロンをめざして
  Nail Salon LAURE'A
- 018　**02**　〝手描き〟にこだわる異色の和風ネイルサロン
  nails.anthe
- 024　**03**　自信をもって働く女性を応援！大人の女性のまつ毛エクステサロン
  Eyelash Salon nike
- 030　**04**　笑顔で帰るお客さまを送るときそれがスタッフの至福の瞬間
  EYELASH SALON Lea

複合型メニューを提供するサロン

- 036　**05**　贅沢な時をゆったり過ごせる癒しの空間
  Private nail salon Lunar
- 042　**06**　激戦区・銀座で、接客や豊富なデザインに定評のあるサロンをめざす
  Mihily & Nirvana
- 048　**07**　高い技術のスタッフがそろう、同時施術が人気の複合サロン
  CHANTER-a

美容室がオーナーのサロン

- 054　**08**　ほどよい個室感が心地よい表参道を見下ろすアイラッシュサロン
  Attract Omotesando
- 060　**09**　独立の第一歩は、ヘアサロンのスペースを借りて
  Nail Salon MonicaNail

アットホームな自宅サロン

- 066　**10**　日常に小さな贅沢を提供する隠れ家的なごほうびサロン
  Petite Luxe
- 072　**11**　アートを楽しみたい大人の女性をターゲットにした定額制サロン
  Nail! Nail! Nail!

※すべての店舗の施術料金、営業時間、定休日等は取材時のものです。

第2章

夢を具体化するためのスタートアップ
あなただけのサロンをつくろう!

- **080** 近年のネイル業界の動きを知ってサロンづくりに生かそう
  業界トレンド01
- **084** これからの成長が見込まれるアイリスト業界のトレンドは?
  業界トレンド02
- **086** 愛されるサロンになるための4つのキーワードを参考にしよう
  人気サロンの傾向
- **088** 競合店をリサーチして参考になることを見つけよう
  市場調査
- **090** 一人でも、自宅でもできるプライベートサロンを知ろう
  どうやって開業する?
- **092** 技術を習得したら、サロンワークでプロ意識を身につけることが大事
  スクールで学ぶ&実地で覚える
- **094** 必要な資格&取得しておきたい検定について知っておこう!
  資格&検定試験
- **098** お客さまからの信頼を得るためには知識&技術のほかにもコレが必要!
  大切な3つの要素

第3章

サロンをはじめる前に考えておこう!
お金の準備と物件選び

- **102** ネイリスト&アイリストが独立したくなるサロン開業のメリットは?
  開業のメリット
- **104** 夢を形に理想を現実にサロンのコンセプトを考えよう
  サロンコンセプト
- **106** 開業にかかる費用を拾い出し 必要な資金を計算しよう
  開業にはいくらかかる?
- **108** 資金に不安がある場合は公的融資の利用を考えよう
  資金はどこで調達する?
- **112** 長く経営を続けるために収支計画はシビアに考えよう
  収支計画
- **114** 物件選びの前にコンセプトに合ったホームタウンを決めよう
  立地条件
- **116** 事前にポイントを絞り込んでから物件探しをはじめよう
  物件選び01
- **118** スタッフ人数と施術メニューからサロンに最適な間取りを考えよう
  物件選び02

CONTENTS

第4章 オープン前の最終仕上げ
お店づくりを魅力的＆個性的に

- **122** 空間づくり
  客層に合ったインテリアで居心地のいい空間をつくろう
- **126** 店舗のデザイン
  サロンのイメージを左右する店舗デザイナー選びは慎重に
- **128** 工事の業者選び
  複数の業者から見積りをとってかしこくコストカットしよう！
- **132** 価格設定の仕方
  サロンの特徴と得意メニューを利用しやすく適正な価格設定に

第5章 リピーターを獲得しよう！
お客さまに愛されるためのヒント

- **136** 開店の告知
  スタートダッシュに成功する開店前後のPR方法
- **138** ツール制作
  お店の雰囲気や個性が伝わるサロン名やロゴを考えよう
- **144** 採用・育成
  お客さまに愛されるスタッフの見つけ方・育て方
- **146** 集客方法
  キャンペーンやイベントで集客アップを成功させよう
- **150** 店販品を売るには
  お客さまを不快にさせず 商品をさり気なく売り込もう
- **152** 顧客管理
  オープン後の売り上げ分析でお客さまのニーズを把握しよう
- **154** クレンリネスの徹底
  お客さまに喜ばれる清潔で快適なサロンをつくろう
- **156** オープン当初の注意点
  1年めは経営者としての自覚を高める期間と考えよう
- **158** 口コミを増やすコツ
  サロン経営を長く続けるために信頼されるお店づくりを

実践的アドバイス
- 096 施術にかかる時間をシミュレーションしてみよう
- 110 融資に成功する創業計画書の書き方
- 124 自分でできる簡単な演出法で好感度アップ！
- 130 取り入れてみたい！個性的なサロンづくり
- 140 看板、紹介状、ホームページ、etc.
  人気店に学ぶ！集客ツール図鑑
- 148 これだけは身につけたい おもてなしマナー

beauty column
- 078 顧客管理のための必須！アイテム類
- 100 おもてなしのために こんな資格も取っておきたい！
- 120 融資の申請は、物件契約のタイミングを考えて
- 134 開業にはさまざまな必要書類の届け出が必要！

複合型メニューを提供するサロン

05 Private nail salon Lunar
贅沢な時をゆったり過ごせる
癒しの空間
▶P36

06 Mihily & Nirvana
激戦区・銀座で、接客や豊富なデザインに
定評のあるサロンをめざす
▶P42

07 CHANTER-a
高い技術のスタッフがそろう、
同時施術が人気の複合サロン
▶P48

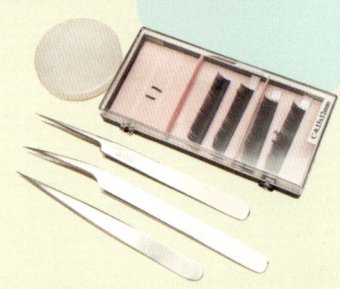

美容室がオーナーのサロン

08 Attract Omotesando
ほどよい個室感が心地よい
表参道を見下ろすアイラッシュサロン
▶P54

09 Nail Salon MonicaNail
独立の第一歩は、
ヘアサロンのスペースを借りて
▶P60

アットホームな自宅サロン

10 Petite Luxe
日常に小さな贅沢を提供する
隠れ家的なごほうびサロン
▶P66

11 Nail! Nail! Nail!
アートを楽しみたい大人の女性を
ターゲットにした定額制サロン
▶P72

第1章 お客さまに満足してもらうための秘訣

11の人気サロンを徹底チェック!

ネイルサロン、まつげサロンは、
お客さまの爪と目元の悩みをよく聞き、
それを解決するための提案をして
「美」を保つお手伝いをするお店。
どのサロンを見ても、オーナーが経験を生かし、
施術方法の工夫や癒しの空間づくり、
開業資金のコスト削減法など、
さまざまな努力&工夫が発見できるはずです。

ネイル&アイラッシュの専門サロン

01 Nail Salon LAURE'A
お客さまに"特別感"を抱かせる…
そんなネイルサロンをめざして　▶P12

02 nails.anthe
"手描き"にこだわる
異色の和風ネイルサロン　▶P18

03 Eyelash Salon nike
自信をもって働く女性を応援!
大人の女性のまつ毛エクステサロン　▶P24

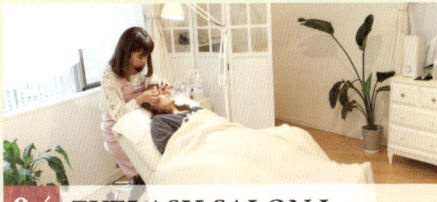

04 EYELASH SALON Lea
笑顔で帰るお客さまを送るとき
それがスタッフの至福の瞬間　▶P30

ネイル&アイラッシュの専門サロン

お客さまに"特別感"を抱せる…
そんなネイルサロンをめざして

大きなサロンで働くよりも、一人ひとりのお客さまとじっくり向き合いたい。そんな気持ちを抱いて、自らネイルサロンをオープン。お客さまに非日常的な空間を味わってもらえるサロンをめざし、スタッフとともに腕と感性を磨いている。

01
Nail Salon LAURE'A

ネイルサロン ラウレア
東京都渋谷区

ホワイトに統一されたサロンは都会の喧騒を忘れさせる非日常的な空間。施術中は、お客さまが何を欲しているかを考えながら、その気持ちを先取りしてサービスするように心がけているというオーナーの大野さん。

おもな施術メニュー

ハンド
ネイルケア(整爪+甘皮処理+マッサージ)3,150円／ジェルネイルケア(整爪+甘皮処理)3,150円／カラーリング1,570円

フット
フットケア(フットバス+整爪+甘皮処理+角質除去+マッサージ)7,350円／フットジェルケアコース(フットバス+整爪+甘皮処理+角質除去+マッサージ+ジェル)14,350円～

カルジェル バイオジェル
クリア　10本／6,300円
ピンククリア　10本／7,350円
フレンチ　10本／3,150円

エクステンション
クリア　10本／15,750円
ラメ　10本／17,850円

第1章　01／Nail Salon LAURE'A

（左上）ドアを開けると、ホワイトで統一された内装がぱっと目に入る。天井には間接照明を設置している。（右上）サロンには、外に出られる小さな庭も。日当たりがよく、明るい雰囲気を感じさせる。（左下）お客さまを迎える準備をするスタッフの酒井さん。（右下）フットケアをするスペース。フットバス＋整爪＋甘皮処理＋角質除去＋マッサージなどの施術を行っていく。

スクールで賞を取り ネイリストになる決意

高校時代、ネイリストに憧れたものの、親の反対もあり、歯科衛生士として東京・恵比寿にある歯科医院で働きはじめた大野綾さん。受付などでネイルをした患者さんの指先を見る機会も多く、「キレイだな。やっぱり挑戦したい！」という思いを強くしていく。

そして2001年、働きながらネイルスクールに通いはじめた。当初は仕事が休みの日に通い、のんびりとネイルに向かい合っていたが、スクールのコンテストで賞を取ったことで、気持ちに変化が生じていく。「もっと順位を上げようという目標ができたんです。それがスキルアップにつながり、ネイリストの道に入る決心につながりました」と、大野さんはいう。

2年間のスクール生活を終え、サロンに入る。その後、スクールで指導してくれた先生がサロンを表参道に開業すると同時に、大野さんもそのスタッフに加わることに。「結局8年間在籍しました。とても居心地がよく、先生から的確なアドバイスを受けながら、自分のスキルが上がっていることも実感しました」

もっとお客さまと 接したいと独立を決意

独立を意識したのは、しだいにマネージャー的な役割が中心となり、お客さまと接する機会が少なくなっていったからという。「もう一度、お客さまと1対1で接しながら、ネイルを施術したいと強く思うようになったんです」

サロンの出店エリアは、勤めていたサロンから近い表参道に絞った。「勤めていたサロンはマンションの1室からスタートして大きくなったので、私もマンションに絞りました。重視したのは『女性のお客さまが安

お客さまに満足感を与え
感謝の気持ちを伝える接客を

(左上) 施術においては「お客さまに言葉で伝える」ことも大切にする。お客さまによってはネイルが剥がれやすく補強をした場合、そのことを丁寧に説明。それが満足感につながるという。(右上) どんなデザインがお好みか、タブレットを使ってお客さまのカウンセリングを行っている。(左下) アートサンプルはいろいろなタイプの爪に対応することが可能。(右下) ネイルの材料は、同業者の友人と情報交換をしながらチェック。まずは自分で試してみて、「いい」と判断したら、新たに仕入れるようにしている。

人を育てることで
スタッフの成長も促す

11年1月末、勤務先のサロンを退職。その4日後には、「ラウレア」をプレオープンし、3月には正式オープンした。

通常、お客さまは1カ月に二度、サロンに足を運ぶことが多い。固定客のことを考えると、タイムラグはつくれなかったのだ。

接客では、お客さまが"特別感"を味わえるように、お客さまをいかに満足させるかを考えて施術しています。このサロンにいると、まるで高級ホテルでのんびりしているような、そんな非日常

心して辿り着ける場所』でした」 いまの物件に決めた、大きな要因は内装のリフォームがOKだったこと。狭いトイレを、ゆったりできるように改造するなど、女性が落ち着ける空間をつくっていった。

お店づくりのワザを学べ！

◆物件探しのポイントは？

　表参道のネイルサロンに通うお客さまは、働く女性がメイン。退社後サロンに訪れるケースが多い。そのため大野さんは、「暗くない通りにあるマンション」を重視した。
「表参道でも少し奥に入ると、女性一人では危ない通りも。そんな通りにあるマンションはいくら状態がよくても避けました。いまの場所は、大通りから少し入りますが、ここならば大丈夫と判断しました」
　ほかの条件としては、「1階」「オートロックなし」のマンションであること。「お客さまが少しでも『入りにくい』と感じてしまえば、足が向かなくなるもの。住まいであれば1階を避ける人もいますが、店舗では重要だと思います」

◆仕入れ先の見つけ方は？

　開業時の材料費は50万円ほどかかったが、商品によって2つの業者を使い分けることでコストを抑えている。なお、業者はかつての勤務先のサロンと取引のあったところなど。
「業者探しは何のコネもないと、結構苦労するものです。サロンに勤めているのであれば、材料係をして材料について勉強しておくことも大事。そのなかで業者さんとのつながりをもつことで、いざ独立するときには、大きな力になってもらえると思います」

◆口コミづくりのコツは？

　お客さまに施したネイルはデジカメで撮影し、色補正などもきちんと行ってブログにアップ。1色塗りでも、ケアだけでも、お客さまからNGが出ない限りは、すべて撮影するこだわりようだ。
「お客さまは自分のネイルが綺麗に載っていれば、嬉しいですし、誰かに知らせたい気持になるもの。当店のブログを『これ見て！』と、お友だちに紹介すれば、それが口コミとして広がるんです」
　この戦略は見事に当たり、「○○さんの知り合いです」という形で、新しいお客さまが予約を入れるケースはとても多いそうだ。

販促グッズも作成。「自己満足の部分もありますが、コースターなどもつくっています」（大野さん）

開業資金の内訳

非公開

History 〜オープンまでの歩み〜

1995年
高校時代、ネイリストに憧れをもつ。

2001年
ネイリスト・黒崎えり子さんが立ち上げたネイルスクールに通う。

2003年
歯科衛生士を辞め、「Nail Salon tricia」にオープニングスタッフとして入る。

2009年ごろ
開業を決意。

2010年
物件探しをスタート。

2011年1月末
「Nail Salon tricia」を退職。

2011年2月
「Nail Salon LAURE'A」プレオープン。
3月10日、
正式にオープン。

\ 図解でわかる /
人気のヒミツ

庭
1階の全戸に設けられた庭。窓越しに緑が目に入り、お客さまをリラックスさせる。

廊下
玄関を開けると、まっすぐに廊下が伸びる。観葉植物を置き、無機質にならないように工夫。

スタッフルーム
キッチンなどはすべてカーテンで隠して、日常的な空間を見せないように工夫している。

フットケアスペース
リラックスしながら施術できるように、大きめのソファをセレクト。

Point
内装はホワイトで統一し、非日常的な空間をつくり出す。目を外にやれば、小さな庭が潤いを感じさせる。

大通りの賑わいを離れた女性に安心感を与える空間

的な空間をつくり出したいんです。ここにいる時間は、お姫さまになってもらいたい。それが結局は、他店との差別化につながると信じています」

オープンして半年後、酒井亜沙佳さんがスタッフとして加わった。「お客さまを第一に考えながら、直すべきことがあれば、彼女にそれを伝えるようにしています」と話す。

そして大野さんが次のステップとして考えているのは、もう1人スタッフを増やすことだ。

「酒井がさらに成長していくには、『人を育てる』ことも大事になってきます。その経験をさせてあげたいですね」と展望を語ってくれた。

16

Owner's Choice

サロン全体を
ホワイトで統一

　いまの物件を取得した際、壁などの内装はすべてブラウンだった。大野さんは業者に依頼して、全面をホワイトに塗り直し。

　お客さまには、ポップな人やカジュアルな人など、いろいろなカラーがあるもの。たとえばサロンをピンク色にしてしまえば、クールな人は来てくれないことも考えられる。

　その点、ホワイトであれば、どんな人にも違和感を感じさせることもなく、すっと溶け込むことができると判断した。

　内装を個性的な色にしてみたいところかもしれないが、その場合は、そのカラーに馴染まないお客さまを取り逃がす可能性があることは、しっかり理解しておきたい。

メインの施術台。イスは長く座っても疲れず、すっと立ち上がれるように、肘掛のないものをセレクト。

受付もホワイトで統一。パソコンもホワイトにする徹底ぶり。次回予約なども、ここで行う。

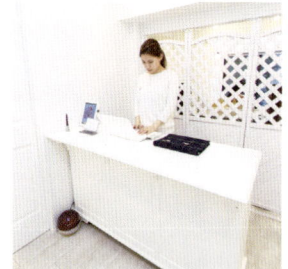

サロンの空間全体をホワイトにしたことで、洗練された雰囲気を出すことにも成功している。

化粧室は女性がゆったり過ごせるように大きめにリフォームした。壁を取り外すなどの改修を行った。

SHOP DATA

Nail Salon
LAURE'A

住所	東京都渋谷区神宮前5-46-29 クレスト神宮前101
TEL	03-6427-7110
営業時間	平日12：00〜21：00／土日祝11：00〜19：00
定休日	月曜
URL	http://laurea2011.com/

オーナーからの
メッセージ

最初は欲張らずに、一つの席からスタートすればいいんです。支持されれば、自然に大きくなっていきます。

ネイル&アイラッシュの専門サロン

"手描き"にこだわる異色の和風ネイルサロン

街の賑わいから遮断された落ち着いた和の空間で、ジェルの色と手描きのデザインにとことんこだわる寺田さん。京都ならではの町家で、他人に真似のできない自分らしいネイルサロンを実現している。

一見、昔ながらの趣のある京町家だが、その奥には、個性的なネイリスト・寺田さんの手描きデザインとおしゃべりを楽しみに、多くの固定ファンが訪れているサロンがある。

02
nails.anthe
ネイルズ アンザ
京都府京都市

おもな施術メニュー			
ジェル		**その他**	
シンプルコース	6,500円	ファイル(10本)	840円
フリーコース	11,000円	バッフィング(10本)	1,050円
特殊アートコース	13,000円	キューティクルケア(10本)	1,050円
スカルプ		カラーリング(10本)	1,575円
クリア・ナチュラル(10本)	8,400円	フレンチカラー(10本)	2,100円
グリッター(10本)	9,450円	シンプルケアコース(10本)	2,625円

第1章 02／nails.anthe

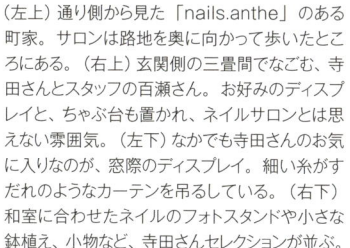

（左上）通り側から見た「nails.anthe」のある町家。サロンは路地を奥に向かって歩いたところにある。（右上）玄関側の三畳間でなごむ、寺田さんとスタッフの百瀬さん。お好みのディスプレイと、ちゃぶ台も置かれ、ネイルサロンとは思えない雰囲気。（左下）なかでも寺田さんのお気に入りなのが、窓際のディスプレイ。細い糸がすだれのようなカーテンを吊るしている。（右下）和室に合わせたネイルのフォトスタンドや小さな鉢植え、小物など、寺田さんセレクションが並ぶ。

京町家にオープンした和室のネイルサロン

三条京阪駅の近く、骨董街として知られる古門前町に、2010年、町家にオープンしたサロン「ネイルズ アンザ」がある。通りに面した狭い入り口から路地を通って、行き止まりの一軒だ。オーナーの寺田富美さんが見つけた時点でリフォーム済みで、壁などもきれいに改修。施術に使っている四畳半の和室の外には坪庭もある。

「ネイルっぽくないサロンにしたかった」という寺田さん。その個性的なデザインでも多くの人気を博している。たとえば「邪悪なネイル」「アイドルグループの似顔絵」など、お客さまのワガママなオーダーにも対応。「普通では面白くない、結果がわかっている作業なんて」と語る。サンプルから選んでもらうなんて、「お客さまにどんなデザインにしたいかを聞き、ジェルは肌に合わせて

熱心なファンとの定期的な交流会も

調合。細筆を使って手描きで仕上げるのがこだわりだ。「完全オーダーメイド感を楽しんでもらえたら」と、価格は少し高めの設定に。

かつてブライダルサロンで勤務していたときの経験から、「結婚式は人生にたった1日。ネイルも写真に残ってしまう〝証拠〟ですから。そんなプレッシャーをかけられるのが好きなんです」と笑う。

ネイリストになる前は地元の石川県でアパレルショップのバイヤーをしていた寺田さん。東京、大阪など県を往復するルーティンワークが続くなか、京都で途中下車し、ネイルスクールに通うことに。「英会話スクールと迷ったんですが、ネイルがとても楽しくてあっという間に5カ月が終わりました」。その間は、京都に癒されるような気持ちが

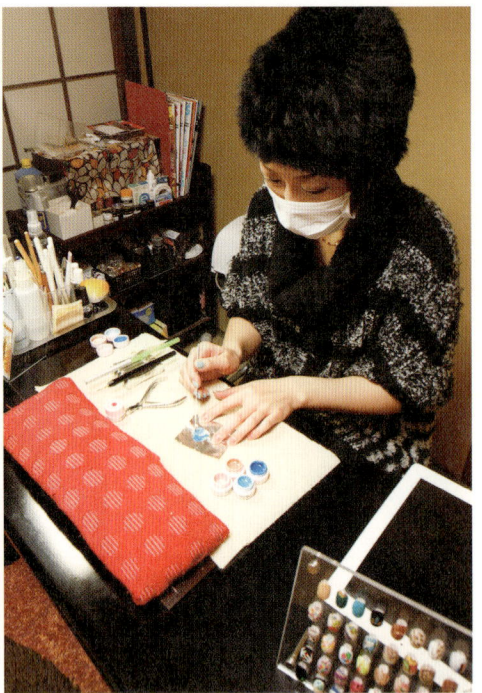

シンプルで可愛い…
斬新なデザイン…
ひと筆に心を込めて

(右上)既成のジェルをそのままの色で使うことはないという寺田さん。アルミホイルの上でジェルの混色をしているところ。(左上)デザインはサンプルから選ぶのではなく、お客さまの雰囲気に合う色、アートなどを提案。思ったデザインが一致するまで検討する。(左中央)「ドロップをモチーフとした涼しげなネイル。大理石を埋め込んであるように見えるのも、すべて手描きアート。奥行きを出すため、何色もの青をつくり、繊細に描き分けました」(寺田さん)。(左下)「秋口のネイル。ランダムに混ざり合う暖色系のグラデーションを生かすように、黄昏を感じさせる黒い鳥のシルエットや花の線画を描きました」(寺田さん)。

したという。

その後、ネイリスト技能検定試験2級、1級と順調に資格を取得。とはいっても、「自分の爪をきれいにできればいい」と考える程度だったが、担当の先生の強い激励もあり、本格的にネイリストをめざすことに。やがて京都の有名デパートに出店するサロン、次にブライダルとエステが一体となったサロンに勤務。独立するに至った。

現在では、他府県からブライダルサロンのころのお客さまも来店するなど、寺田さんのファンは多い。仕事を離れ、2カ月に1回、「お客さん会」という飲み会や遠方のお客さまとの食事会なども行って、親交を深めているそうだ。

「ネイルズ アンザ」の顧客には個性的な人が多く、漫画家、イラストレ

お客さまのプラスになる会話のあるサロンをめざす

20

お店づくりのワザを学べ！

◆材料や道具のこだわりは？

仕入れたジェルのままの色は使わないという寺田さんは混色にこだわっている。「同じ白でも、お客さま一人ひとりの肌に合わせて調合するようにしています」という。そのため、サロンで使うジェルは20色ほどで済むうえ、手描きなのでシールやラインストーンも不要。開業資金の削減にも役立っている。

また、ネイルサロンで一般に使われる細筆も、自分の筆圧に合わないので、いろいろ試してみた結果、プラモデル用の腰のあるものをセレクトしている。

◆顧客管理はどうやってるの？

一人で接客するサロンでは、施術中はお客さまからの電話に出ることも難しい。そこで活用しているのが、ネイルサロンの情報サイト。サロンのメニューと料金、特徴と写真、アクセスなど、はじめてのお客さまに必要な情報を簡潔に掲載。サロンにとっては24時間予約を受け付けてくれるうえに、アルバイトを雇って人件費を払うより合理的だとか。

掲載費用は内容によっても差があるが、7万～20万円くらい。オープン当初の顧客獲得、管理方法の一つとして検討してみるのもいいかもしれない。

◆広告宣伝はどうやってるの？

「nails.anthe」のブログ執筆、写真撮影、広告デザインなどを担当するのが、百瀬響子さん。寺田さんがブライダルサロンに勤務していたころにネイリストと客として出会い、それ以来、施術以外のほとんどの業務を手伝っている。

百瀬さんは寺田さんを評し、「お客さまのお話しを聞く能力が高く、話すことも上手。占いもできるかも」と笑う。百瀬さんのように力強い協力者がいることで、寺田さんが施術に集中できているといえるかもしれない。

百瀬さんが撮影からデザインまでを担当したポストカード。ネイルサロンの情報サイトにも、「nails.anthe」の新作として、この画像が使用されている。

開業資金の内訳

店舗取得費	約700,000円
備品費	約500,000円
材料費	約300,000円
合　計	約1,500,000円

History ～オープンまでの歩み～

2004年
地元石川県のアパレルショップに勤めながら、京都のネイルスクールに通いはじめる。

2005年
アパレルショップを退社。
京都の有名デパートに出店するサロンに勤務。

2008年
ブライダルとネイル、エステが一体になったサロンに勤務。

2010年6月
物件を探しはじめる。

2010年10月
「nails.anthe」オープン。

図解でわかる 人気のヒミツ

京町家
両隣が住居という場合も少なくない町家では、業態によっては開業は難しい。町家専門の不動産会社もある。

三畳間
とくにウェイティングなどに使っているわけではないが、好みのものをディスプレイ。

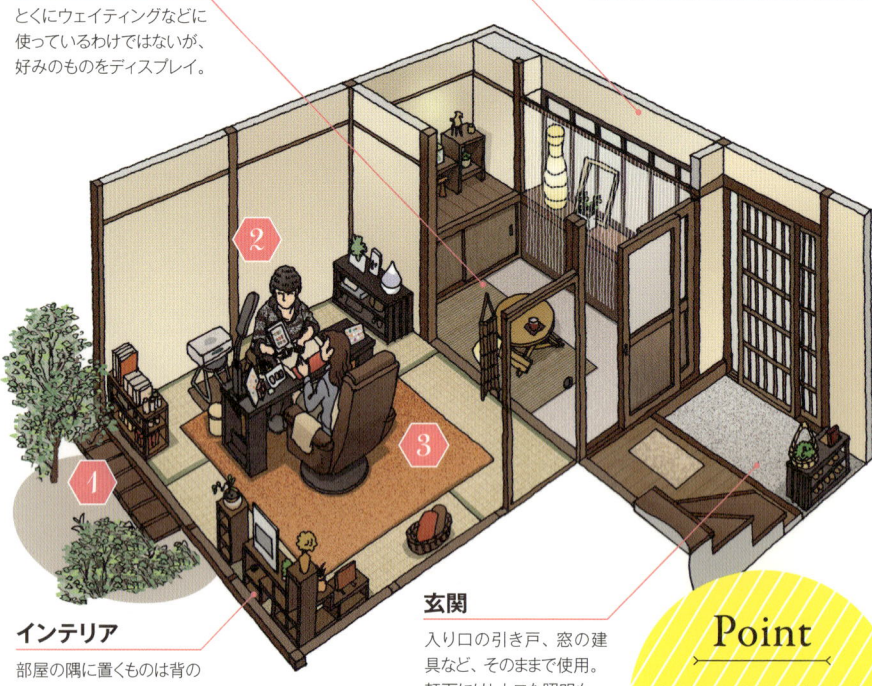

インテリア
部屋の隅に置くものは背の低いものだけにしている。

玄関
入り口の引き戸、窓の建具など、そのままで使用。軒下にはレトロな照明も。

Point
古い町家にあまり手を入れず、趣のある風情をそのまま残している。お客さまにとって自分だけのサロンという隠れ家感も。

最新のネイルが古い町家にマッチする

ーター、舞妓、看護師、アートに携わっている人や同業者も。

施術中は1対1での会話を大切にしている。ネイルのことに限らず、ときには悩みを聞いたり、前回の話の続きをしたりすることも。

「友人にはいえないことでも話せるような空間をつくりたい。そして私なりに、お客さまのプラスになるようにお手伝いできたらいいなと」

その言葉通り、リピート率は80％。多くが固定客なので、「予約は時間割みたいに、第1週から前倒しで決まっていきます」とのこと。

今後は「個展をやってみたい」と語る寺田さん。飲食店やギャラリーなどとコラボしてお客さまを招いて、みんなが楽しめるようなイベントを考えているようだ。

街のネイルサロンを見慣れた人には異色かもしれないが、好きになった人は通わずにはいられない強い魅力をもっているサロンだ。

Owner's Choice

立地条件に注目し
理想に近い物件を見つけたい

　京都市営地下鉄東西線、京阪鉄道が2線利用できる三条京阪駅周辺は、大阪などの他府県のお客さまも足を伸ばしやすいという点に目をつけた寺田さん。ただし、鴨川の近くはネイルの激戦区なので、少しははずれた現在の場所に注目。

　最初はデザイナーズマンションを希望していたが、予算内で選ぼうとすると立地が悪くなり、お客さまにとって来店しにくくなってしまう。

　そこで、もともとネイルっぽくないサロンにしようと思っていたこともあり、町家を探すことに。しかし、当初は古過ぎるか、広過ぎる物件ばかりだったという。それでも4カ月で現在の物件を見つけたというから運にも恵まれていた。

1 坪庭があることで、採光性を補うとともに、外への空間の広がりを感じることもできる。京町家ならではの造り。

2 ネイルのデザインは、寺田さんが感じたインスピレーションを基に、お客さまが納得いくまで徹底的にカウンセリングを行って決めていく。施術中は、会話によるコミュニケーションを大切にしている。

温かな灯りが漏れる「nails.anthe」の外観。

3 四畳半の施術ルームはカーペットを敷いたくらいで、目立つインテリアなどは置いていない。あまり低さを感じないで済む効果も。

SHOP DATA

nails.anthe

住所	京都府京都市東山区古門前町 大和大路東入元町382-4
TEL	075-708-7480 (最終受付19:00)
営業時間	12:00～20:00 ※予約優先
定休日	月曜／第一・第三日曜
URL	http://b-colle.jp/nail/kyoto/sanjo/10002894/
ブログ	http://nailsanthe.exblog.jp/

オーナーからの
メッセージ

はじめてのお客さまも緊張されないように、友だちの家に来るような温度のあるサロンにしたいですね。

> ネイル＆アイラッシュの専門サロン

自信をもって働く女性を応援！
大人の女性のまつ毛エクステサロン

つけまつ毛で目元を飾る若い女性から、高い美意識をもつ大人の女性まで、幅広い年齢層のお客さまに支持される、東京の激戦区・恵比寿のまつ毛エクステサロン。

一歩店内に入ると、軽いジャズ系のBGMが流れる、清潔感のある空間が広がっている。そこは、都会の喧騒を忘れさせる、落ち着いた大人の女性のためのサロンだ。

03
Eyelash Salon nike
アイラッシュサロン ニーケ
東京都渋谷区

おもな施術メニュー

上まつ毛付け放題コース
両目（140本まで） 10,500円

付け足し
上まつ毛（1本） 150円

リムーブのみ 3,150円
※付け替えの場合は無料
（当店・他店での施術を問わず）

第1章 03／Eyelash Salon nike

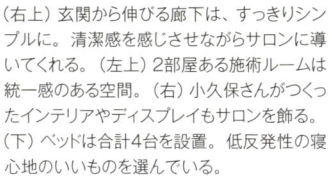

（右上）玄関から伸びる廊下は、すっきりシンプルに。清潔感を感じさせながらサロンに導いてくれる。（左上）2部屋ある施術ルームは統一感のある空間。（右）小久保さんがつくったインテリアやディスプレイもサロンを飾る。（下）ベッドは合計4台を設置。低反発性の寝心地のいいものを選んでいる。

二〜三世代にわたる幅広い年齢層のお客さまも

JR恵比寿駅から徒歩3分、完全予約制のまつ毛エクステ専門店「アイラッシュサロン ニーケ」の男性オーナーは小久保大輔さん。元美容師で、約10年の豊富な経験を生かし、「ニーケ」ではマネージメントに携わっている。

お店のオープンは2010年12月。店長を務める山田絵利子さんと2人で、お客さまにもアイリストにも憧れられるお店をつくることを目標にはじめたという。

「恵比寿という場所柄、遊びも仕事も両立し、楽しんでいる女性が多い。そんな女性たちに、ニーケでさらに綺麗になってもらい、周りの男性や女性にも憧れられるような、大人の女性を提案したいですね」と、小久保さんは話す。

客層は、30代から上は80代と幅広く、二世代、三世代にもなるお客さまがいるほど、紹介が紹介を生み、現在に至っている。

デザイン提案の前にカウンセリングの"結果"を重視

「ニーケ」の施術においてのコンセプトは、「しみない」「取れない」「痛くない」の3つ。また、はじめて来店するお客さまや、はじめてまつ毛エクステを経験するお客さまの不安を取り除き、安心してリラックスし

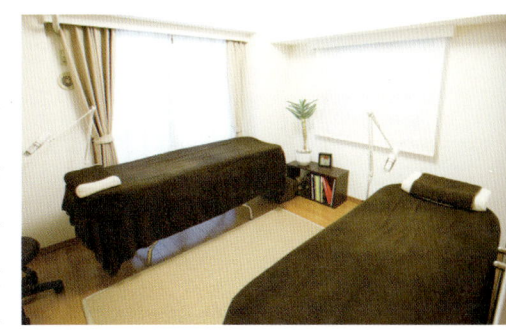

安心して施術を受けていただけるように
カウンセリングを重視しています

(左上) ウェイティングスペースにある化粧台は、普段は鏡を納めた状態でカウンセリングに使用している。(左中央) 胸元にサロン名が可愛くあしらわれたユニホーム。(右上) カウンセリングで不安を解消し、安心してリラックスしながら施術を受けてもらっている。(左下) カウンターの隅にもツル科の植物や多肉植物などが置かれている。(右下) 上 (片目70本) での施術例。どの角度から見ても美しいデザインに仕上げるように心がけている。まつ毛の本数はカウンセリングのうえ、お客さまに適した本数を提案している。

ながら施術を受けてもらえるように、カウンセリングにかける時間をとても大切にしている。

「お客さまはいろいろな期待や願望、そして不安をもちながらご来店されます。ですので、カウンセリングで不安な部分を解消することが、施術と同じくらいに大切だと思っています」

小久保さんは、これからのサロン運営では施術が優れているのは当然で、上質で本物を味わったことのあるお客さまを満足させるような接客をすることで、お客さまの評価が問われると話す。

さらにリピーターのお客さまについても、カルテを基に、施術後に何か困ったことはなかったか、などのお話をじっくりと聞くようにしている。

地域の一番店をめざしサロン環境を整えたい

小久保さんは、現在のサロンを「働

お店づくりのワザを学べ！

◆ ベッドで施術しているのは？

「Eyelash Salon nike」では、施術中はゆっくり寝ていただくために、特別な低反発タイプのベッドをセレクト。

「ベッドにしたのは、お客さまに寝てもらいたかったからです。いつも忙しく働いている方や、ゆっくりと過ごしたいと思っている方に、ここでリラックスした時間を過ごしていただき、元気に帰って欲しいからです」と小久保さん。

◆ いいスタッフを確保するためには？

サロン運営においては、お客さまを集めることと同時に、スタッフ育成が大切だ。しかし、美容師免許が必要なまつ毛エクステ業界では、いまのところアイリストをめざして美容学校に通いはじめる学生は多くない。

「大きなサロンは存在しますが、シンボルになるようなサロンはまだまだ少ないと思います。nikeがもっと成熟して、美容学校の生徒から、『あのサロンで働きたい！』といわれるような、またnikeで働くスタッフが憧れられるようなブランド力のあるサロンをつくりたいですね」

スタッフの待遇面でも、「一般企業以上に給料があり、働くスタッフが不安を感じないような社会保障を提供する会社にして、老舗のまつ毛サロンになりたいですね」

◆ 男性アイリストとしての活動は？

美容師免許、管理美容師免許の資格をもつ小久保さんも、現在アイリストをめざして練習している。美容師としての豊富な経験があるので、お客さまに緊張されることもないだろう。

「厳しく指導してきたこともあり、スタッフにも厳しく指導を受けています。スタッフに呆れられないためにも早くデビューできるように奮闘中です！」と笑う。

玄関を飾る華麗なユリ、カサブランカ。甘い香りでお客さまをお迎えしている。インテリアの一部としてもグリーンを生かしている。

開業資金の内訳 ── 非公開

History 〜オープンまでの歩み〜

2006年ごろ
山田さんがアイラッシュサロンに勤めはじめる。

2010年12月
「Eyelash Salon nike」オープン。

2013年9月
現在のスタッフ2名が加わり、アイリスト3名の体制になる。

\ 図解でわかる /
人気のヒミツ

雑貨、本など
外国の写真集、フィギュアなどは小久保さんの持ち物からセレクト。ディスプレイの仕方にも気を配る。

スタッフルーム
スタッフの控え室として活用する小部屋。

施術ルーム
角部屋なので採光性もよく、明るい空間になっている。

ウェイティングスペース
施術ルームより広く設けたウェイティングスペース。温かみのある配色のラグも統一感を感じさせる。

Point
お客さまの緊張を解きほぐす雰囲気づくりは、雑貨やBGMなどにも反映。元美容師としての感性を生かしている。

お客さまが過ごす時間を考えたリラックスできる空間づくり

く人にも、ご来店していただくお客さまにも居心地のいい場所にしていきたい」と考えている。
「スタッフをたくさん入れて、会社だけ大きくなろうという気はありません。お客さまにとってもスタッフにとっても、高い価値を感じるお店にしたいと思います。スタッフのお給料も一般企業の会社員よりも高くなれば、社会的にも認められるでしょう。その環境をきちんと整えていきたいですね」
今後は、14年に新しいサロンを出店する予定だとか。
「まずは恵比寿で"一番店"をめざし、お客さまから『なくなったら困る』といわれるお店になりたいと思います。一人ひとりのお客さまやスタッフと向き合い、小さな積み重ねをコツコツとしていくだけです」と、意気込みを語ってくれた。

Owner's Choice

施術にも接客にもムラのない プロとしての自覚

恵比寿に集まる女性は、上質で本物を味わったことのある大人の魅力的な人が多い。

「そのため表面的な接客や、その場限りの仕上がりでは、決して喜んでもらえません」と小久保さん。

「はじめてご来店した方にはもちろん、100回めのご来店になるファンのお客さまにも同じ気持ちで、馴れ合いにならない施術と接客をしています。1回めも100回めも同じことをするのがプロだと思います。いい意味でお客さまとの距離感を大事にしています。

また、シニア世代の方には、年を重ねることでしか味わえない人生観があるはず。さらに幅広い世代の方にまつ毛エクステを体験してもらいたいと考えています」

毎日朝礼を行い、その日に来店するお客さまの情報をスタッフ全員で確認している。

1　サロン内のポイントごとに植物を置いて、潤いを感じさせる。鉢には雑貨などを添えるなどの遊び心も。

2　2部屋ある施術ルームの間には仕切りがあり、空間を上手に使っている。

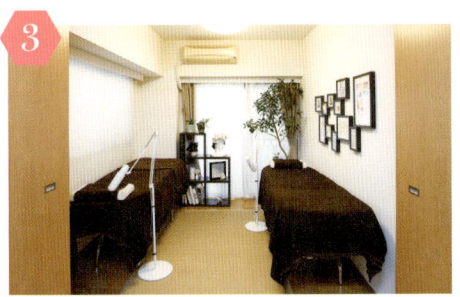

3　施術はお客さまにベッドに寝てもらった状態で行っている。眠ってしまう人がほとんど。全部で4台設置。

SHOP DATA

Eyelash Salon nike

住所　東京都渋谷区恵比寿西
　　　※詳しい住所は、ご予約時にお知らせ
TEL　03-3463-2332
営業時間　11：00〜21：00
定休日　不定休
URL　http://nike1215.com/

オーナーからのメッセージ

資格を生かして働こうというのは甘い考え。一生を賭けるだけの覚悟が必要かも。そのぶん自分に返ってきます。

ネイル&アイラッシュの専門サロン

笑顔で帰る
お客さまを送るとき
それがスタッフの至福の瞬間

大手サロンにできないサービスは何か？
お客さまの笑顔を大切に、日々、サービス向上に努める
オーナーの探究心とやさしさがつまったサロン。

04
EYELASH SALON
Lea

アイラッシュサロン レア
東京都渋谷区

大きな窓から射し込む自然光が、白壁の店内をさらに明るく演出し、20〜50歳代という幅広い客層から受け入れられる雰囲気に。右は玄関で笑顔を見せるオーナーの伊藤さん。

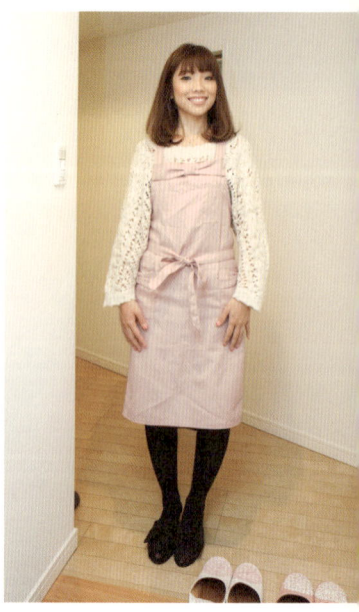

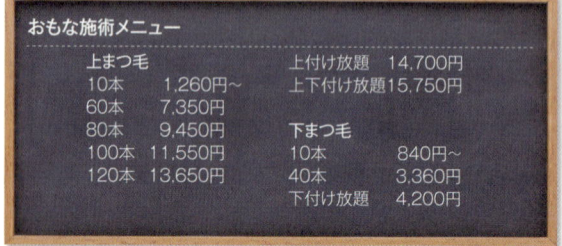

おもな施術メニュー

上まつ毛		上付け放題	14,700円
10本	1,260円〜	上下付け放題	15,750円
60本	7,350円		
80本	9,450円	下まつ毛	
100本	11,550円	10本	840円〜
120本	13,650円	40本	3,360円
		下付け放題	4,200円

第1章 04／EYELASH SALON Lea

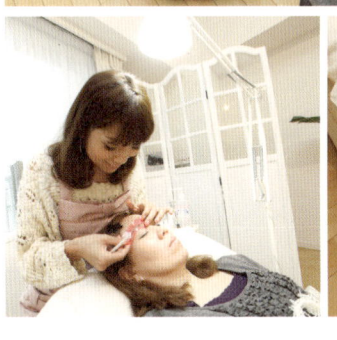

（上）カウンセリングはお茶を飲みながら、はじめてのお客さまはとくに時間をかける。各種デザインを掲載したカウンセリングブックを見ていただきながら希望を聞いていく。（左下）施術中、お客さまは目を閉じているので、ライトを当てるときなど環境に変化があるときは「明るくなります」と声がけをする。（右下）施術用のリクライニングチェアの横に手荷物用のカゴを設置。貴重品を側に置きたいお客さまへの配慮。

大好きなハワイの雰囲気をさりげなく取り入れたサロン

サロン名の「Lea」とはハワイ語。いつか自分のお店をもったら、店名は大好きなハワイの言葉にするつもりだったというオーナーの伊藤まいかさん。

サロンにはハワイアンミュージックがゆるやかに流れる。インテリアはハワイにこだわらず、事務作業を行うパソコン机とともに清潔感のある白い家具で統一。

伊藤さんは事業をやっている父親から美容の仕事に就くならオーナーにならないと稼げない。30歳までには一人で生活できる環境を確立するようにと助言を受けていた。そんな言葉を念頭に置きながら働くなかで、独立に踏み切ったのは東日本大震災の直後のこと。親が心配するからと会社を辞めて地方に帰っていく同僚の姿が、自分は人生をどう生きていこうかと考える大きなきっかけになった。やはり自分のお店をもって、この道を続けていこう。サロン勤務も丸5年とキリがいい。支店の合併による職場環境の変化もあり、「いまだ！」と思った。独立してサロンが軌道に乗るまでに最低でも3年はかかるだろうと覚悟の挑戦だった。

つねに新しいサービスを求める熱心な姿勢が好感を与える

「レアが支持される理由は、なんといっても技術力の高さです。カウンセリングからとても丁寧だという言葉もたくさんいただきます」

その確かな技術、お客さまに対するきめ細かなサービスや経営のノウハウは、サロン勤務時代に培ったもの。専門学校を卒業後、まつ毛エクステの仕事をはじめることに。メイク部門担当のアルバイトとして勤務する一方で、以前勤めていた会社の、

年齢とお好みに合わせて
デザインはキュート、
セクシー、グラマラスを用意

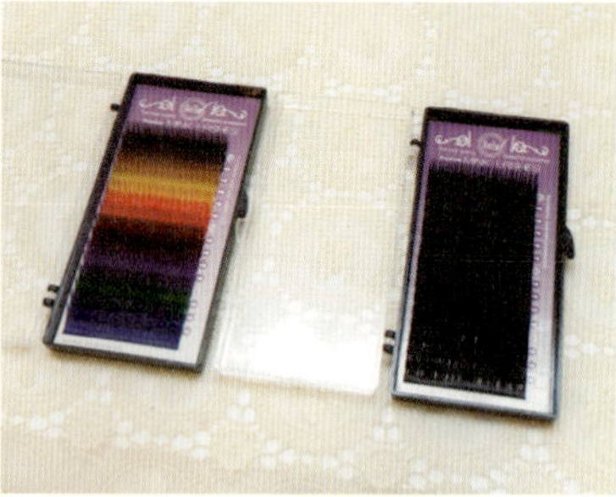

（左上）店名やBGMはハワイにこだわっているが、店内のインテリアやちょっとした小物はさりげないものをチョイス。（右上）まつ毛は、毛の柔らかさ、カールの形、カラー、太さなどに違いがある。伊藤さんの用意するデザインは、「キュート」「セクシー」「グラマラス」の3種類。世代によって好みがわかれる傾向がある。（左下）アイラッシュの必需品はピンセットとブラシ。道具を仕入れる問屋は決めずに、絶えず使いやすいものを探しているが、なかなかしっくりくるものが見つからず、ピンセットは7年も愛用。グルーはスタンダードとマイルドを用意。（右下）お客さまが簡単に化粧直しできるようにセット。白い家具類はデザインの統一感も重視。

アイラッシュ部門の立ち上げメンバーに参加。のちに社員となりエクステ部門拡張のため、管理美容師の資格取得も社長から指導された。

研究熱心な伊藤さんは担当のまつ毛やメイクだけでなく、会社で扱うほかの分野の知識や技術も身につけ、肌に関するアドバイスなどもするトータルビューティーとして活躍。指名が増え、ついに店長に昇格するにいたった。

新しい支店がオープンするたびに立ち上げスタッフを任された豊富な経験が、「レア」のオープンに役立ったことはいうまでもない。

前の職場は情報交換もできるビジネスパートナーのような存在

施術メニューの一つ、アイブロウ（眉毛）トリートメントは、ここ2年ほどでポピュラーになったが、もとは専門サロンで行うのが主流だった。伊藤さんがこの技術を身につけたの

お店づくりのワザを学べ！

◆「初回お試し価格」の効果は？

大手のチェーン店などには、「初回お試し価格」を目当てにする、いわゆる「初回荒らし」と呼ばれるお客さまがいるが、「Lea」のような個人店には、長く通えるサロンを求めて来店するお客さまが多い。

伊藤さんは、小さなサロンならやはり「初回お試し価格」を設定し、敷居を低くしたほうがいいという。

もちろん、お客さまの期待以上のサービスを提供できなければ、最初がいくら安い値段でも2度めの来店は望めない。リピート率を高くするには、まずは技術とサービスを向上させることが大切だ。

◆商材の仕入れとこだわりは？

かつて勤務していたサロンが商材の卸しも行っていて、現在も仕入れることができる。美容液やマスカラなどは、勤務時代に自ら商品開発に携わったもの。独立するにあたり、同じ商材を使用できたことで顧客の安心感にもつながった。

新しい商材を使用する場合には、自ら納得するまで試し、自信をもってオススメできるものをチョイス。とくにまつ毛の接着剤は安全性にこだわっている。

◆男性客受け入れの注意点は？

男性の間でも、眉毛を整えることがメジャーになったため、「Lea」のアイブロウトリートメントを利用する男性も。しかし、女性スタッフのみの職場環境では、だれでも受け入れることは難しく、スタッフの知人や、顧客の旦那様など、男性の場合は限られた範囲での集客にとどめている。

マンションの1室のため、女性客の来店中は、必ず玄関の鍵は閉めるなどの気配りも必要だ。

店内用のメニュー表は4Aサイズのファイルにしているが、名刺サイズのものも用意し、ポイントカードとセットにしてお客さまに持ち帰っていただく。このサイズなら保管率が高く、お客さまにとっても便利。

開業資金の内訳

店舗取得費	約450,000円
備品費	約1,500,000円
広告宣伝費	約500,000円
合　計	約2,450,000円

History 〜オープンまでの歩み〜

2003年4月
美容専門学校に入学。

2005年3月
専門学校を卒業後、美容師の資格を取得し、美容室に勤務。メイク関係の仕事に携わる。

2006年10月
大手まつ毛エクステ専門店の立ち上げに参加。

2008年8月
同サロンの支店長を任される。プロジェクトリーダーとしても活躍。

2008年10月
管理美容師の資格を取得。

2012年6月
「EYELASH SALON Lea」オープン。

\図解でわかる/ 人気のヒミツ

Point
玄関からつながるスペースをカウンセリングコーナーに有効利用。すっきりした動線を実現させた。

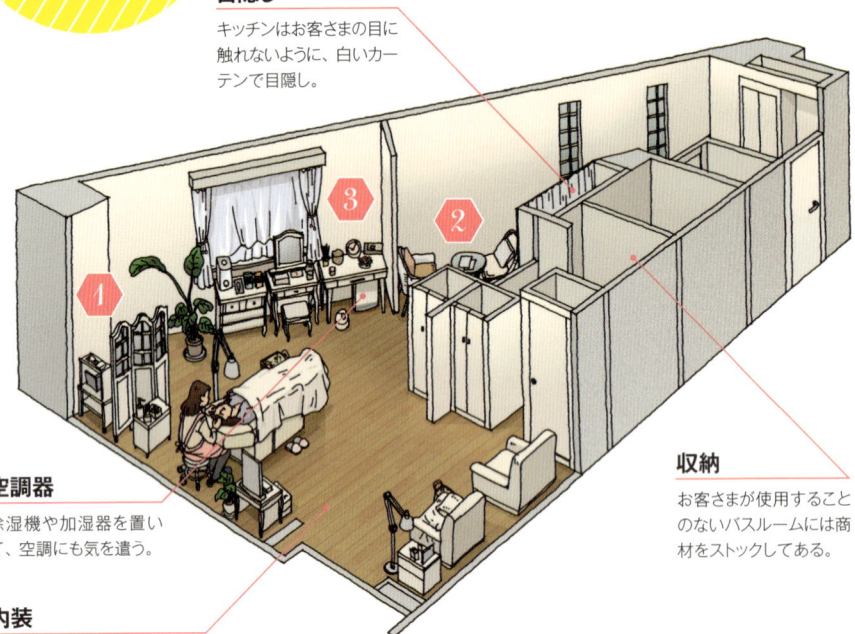

目隠し
キッチンはお客さまの目に触れないように、白いカーテンで目隠し。

収納
お客さまが使用することのないバスルームには商材をストックしてある。

空調器
除湿機や加湿器を置いて、空調にも気を遣う。

内装
白で統一した清潔感あふれる店内に、ゆったりとしたハワイアンミュージックをあわせ、リラックス空間を演出。

大きな窓から光が射し込み心からリラックスできるサロン

も前述のサロン勤務時代。お店の新メニューに提案したところ、会社が伊藤さんをスクールに通わせ、事業の立ち上げからスタッフの技術指導まで、いっさいを任せた。

そんな重責についていた伊藤さん、独立するにあたっては、「辞める半年前に報告し、スタッフの育成や引き継ぎも怠らない旨、断言しました。当初から独立の意志は伝えていましたし、社長も一からこの事業をはじめた方なので、『わからないこと、できないことがあったら相談するように。顧客に関しても、あなたについているお客さまなのだから独立を報告していい』と。オープン時には、お花を贈ってくださいました」。

現在スタッフは2名。顧客の増加に対応できなくなったら新たに募集するつもりだ。しかし、「新スタッフには、私ともう一人のスタッフがOKを出すまで施術はさせません」と、技術を売りに信頼を得ている伊藤さんらしい言葉が返ってきた。

Owner's Choice

アイブロウトリートメントで眉のお手入れも

アイブロウトリートメントとは、単に眉毛を整えるだけではなく、顔の骨格や筋肉、元の眉毛の生え方を考慮し、お客さま一人ひとりにあった美眉をつくっていく施術。

まずは、しっかりとカウンセリングを行ってから、眉頭、眉山、眉尻といったポイントを決め、ステンシル（眉型）を当てて、きれいなアーチを描く。

描いたラインからはみ出した毛は、専用のワックスと毛抜きを使って除去。この施術を繰り返し行うことで、脱毛した部分は眉毛が生えにくくなり、お手入れが楽になってくるという。

伊藤さんはサロン勤務時代にこのサービスの導入を会社に促し、自らが技術者となる機会をつかんだ。

ステンシル（眉型）は12種類。自分では描けなかった美眉に利用客も満足するという。

1 事務作業を行うパソコンコーナーの家具もサロンの雰囲気を壊さぬよう、白でそろえる徹底ぶり。空いた時間を使って新情報の入手や商材の研究にも余念がない。

2 カウンセリングルームには雑誌やウォーターサーバーも設置。ウェイティングスペースとしても機能している。

3 ディスプレイしてある商品はすべてサロンで購入可能。自ら試して納得したものや、開発に携わったものなど信頼のおける商品ばかり。

SHOP DATA

EYELASH SALON Lea

住所　東京都渋谷区恵比寿3-17-12-310
TEL　03-6427-2753
営業時間　11：00～22：00
（日祝10：00～19：00）
定休日　なし
URL　http://www.lea-ebisu.com/

オーナーからのメッセージ

看板が出せない環境でも、お客さまを思う心と確かな技術、少しの工夫があれば顧客は増えていきます。

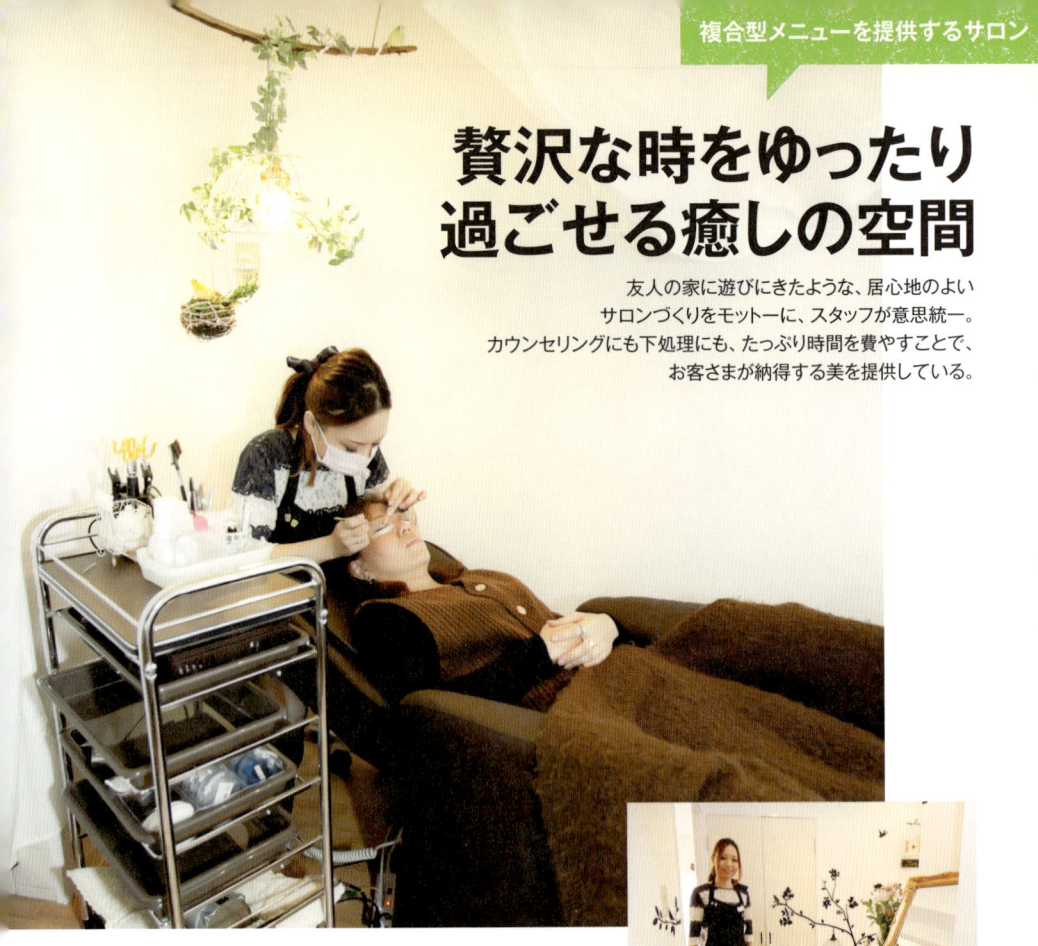

> 複合型メニューを提供するサロン

贅沢な時をゆったり過ごせる癒しの空間

友人の家に遊びにきたような、居心地のよいサロンづくりをモットーに、スタッフが意思統一。カウンセリングにも下処理にも、たっぷり時間を費やすことで、お客さまが納得する美を提供している。

05
Private nail salon Lunar
プライベートネイルサロン ルナ
東京都小平市

アイラッシュやフットケア、混雑時には待合室にも使用するサブルーム。玄関周りの真っ白な壁にはカッティングシートでアクセントをつけ、自分らしさを演出。内装の大半は自ら手がけた。

おもな施術メニュー			
ハンド		ジェルコース	
ケアカラー（10本）	4,200円	Lunar nailコース（10本）	8,400円
カラーリング（10本）	1,050円	キラキラネイルコース（10本）	7,350円
フット		アイラッシュ	
ペディキュアセット（10本）	4,725円	スーパーナチュラル（60本）	5,250円
角質除去（両足）	4,200円	ナチュラルコース（100本）	8,400円

第1章 05／Private nail salon Lunar

（右上）ネイルの施術前後に出すドリンクは10種類から、また、まつ毛エクステのお客さまには月替わりのハーブティーをホットかアイスから選んでもらう。（左上）サロンの奥に位置する部屋は日当たりもよく、居心地のよい空間。（右下）和室だった部屋はフローリング風の床材やレースのカーテン、照明で洋風に統一。サロンの椅子はすべてリクライニングチェア。（左下）一人ひとりに時間をかけられるため下処理の丁寧さにちがいが出る。ネイルが長持ちすると好評だ。

広さを確保するため物件探しは都心郊外の地元で

お客さま一人ひとりに時間をかけ、癒しの空間になるようなプライベートサロンをつくりたい――高橋朋恵さんが、そんな理想を具体化しはじめたのはサロンに勤務していたころ。料金設定を低くし、短時間で多くのお客さまに対応する都心の繁盛店では充実したケアが提供できない。自分だったらこうするのに。私らしくやりたい……3つのサロン勤務を経験するなかで、そんな思いが日に日に募っていった。

高校時代から、自分の夢のためにお金を貯めておこう！とコツコツ貯金していたところ、30歳までにお店をもつという目標が大幅に早まった。広いスペース、プライベート感を重視するため、比較的賃料の安い地元で物件探しをスタート。西武新宿線・花小金井駅前にマンションを借り、「プライベートネイルサロンル

ナ」のオーナーに、25歳でなった。客層は地元の30～50代の主婦が中心。個室サロンなので高級志向の方に気に入られ、料金設定が高めでもリピート率は高いという。「新宿や表参道では実現できなかった料金設定を受け入れてもらえる場所選びも大切ですね。コンセプトを受け入れてもらえる場所選びも大切ですね」

迷いなくスタッフ制を導入仲間がいるメリットを実感

当初は一人での開業だったが、接客以外の仕事の多さを痛感。チラシやサービスカードづくり、HPの更新、備品発注、経理と細かな作業を一人でこなさなくてはいけない。何より新メニューの考案など、相談する仲間もいない状況にさびしさを感じはじめていた。そんなところへ、かつての後輩が一緒にやりたいと来てくれた。即OKの返事をし、同時にほかにもスタッフを募集。「友だち同士、馴れ合いでやってい

お客さま一人に対し
スタッフ全員で
心を配る姿勢を大切に

（左上）アイラッシュは安全性をモットーにリペアコースも充実させている。（右上）月1回のスタッフミーティングで決める「ルナコース」はリピーターに人気のデザイン。（左下）ネイルやアイラッシュの寿命は平均で4週間。それまでに再訪した方への「21日習慣割引」や、「ネイル＆まつ毛同時サービス」など、リピーターに満足してもらえるようなサービスを充実させることを第一に考えている。（右下）ネイルもフットもお客さまの体に触れるものは素材にこだわって選んでいる。バイオジェルやカルジェルはお客さまの爪の水分量や水仕事の多さを考慮して、より長持ちするものを使用。

　くのはよくない。個人サロンであってもルールを決め、店長とスタッフの立場をはっきりさせてお互いが満足のいく職場をつくろうと」

　もちろん、意識の違いに戸惑った時期もある。

　「細かいことですけど、こぼれたらどうするのって場所に飲み物を置きっぱなしにしたり、あいさつができなかったり……。どこまで注意しなければいけないの、と神経をすり減らしました」

　スタッフの失敗はお店の失敗。もともとリーダーシップをとるのは得意ではないが、スタッフにも看板を背負ってもらえるよう育てていこうと意思の疎通に気を配った。

　「わかり合えればプラスの要素が多くなる。作業の分担ができ、意見を交換し合う仲間がいる楽しさが生まれ、人手が足りず予約をお断りすることもなくなりました。いまでは、なくてはならない存在です」

お店づくりのワザを学べ！

◆メニューで工夫している点は？

毎月新しいネイルアートを提案する「ルナコース」は、スタッフミーティングで決定する季節感を取り入れた特別なメニュー。ベースの色を変えるなど、1,050円の追加料金で自由にカスタマイズできるように設定している。「Lunar」を信頼しつつ、さらにオリジナリティを求めるお客さまに人気のメニューだ。

◆効果的なPR方法は？

高橋さんは、おもにサロン勤務時代からの顧客と口コミ、ホームページでリピーターを増やしていったが、若い客層をターゲットにするなら情報サイトの活用、また路上に置く立て看板も重要だという。

とくにマンションの上階で開業した場合は、立て看板で通りがかりの人にサロンの存在を知ってもらい、何かの折に、サロンを思い出して1度でも足を運んでもらえるようにすること。また看板には自由に持って行けるチラシを備え付けておくことが大事という。「Lunar」では実際に立て看板を見て訪れるお客さまが多いそうだ。

◆ジェルはどうやって使い分けている？

「Lunar」で使用するジェルは2種類。おもにバイオジェルとカルジェルだが、はじめてのお客さまにはバイオジェルを使用する。これは、バイオジェルのほうが透明感があり艶が長持ちし、お客さまがメンテナンスする必要が少ないからという。

ただ、バイオジェルは爪の水分量や水仕事が多いなどの生活環境によって、カルジェルより浮きやすいため、3週間後、リピートされたときに経過をカウンセリングし、あまり長持ちしなかった場合にはカルジェルに変更するようにしている。

まつ毛エクステ利用者にぴったりのクレンジングフォームなど、トータルケアを考え関連商品をサロンで販売。必ず自分で試して気に入ったもののみ取り扱うようにしている。

開業資金の内訳

物件取得費	約700,000円
内装工事費	約50,000円
備品費	約2,500,000円
広告宣伝費	約100,000円
合　計	約3,350,000円

History ～オープンまでの歩み～

2000年
高校在学時から美容関係のお店をもちたいと、将来に向け資金を貯めはじめる。

2003年
美容専門学校に入学。ネイルの授業をきっかけにネイルサロン開業の構想を固める。

2005年
専門学校を卒業後、ネイルスクールへ行き、後にネイルサロン勤務。サロンワークのノウハウを学ぶ。

2009年
目標資金が貯まり、物件探しスタート。

2010年3月
「Private nail salon Lunar」オープン。

2011年5月
スタッフを加え、より多くのお客さまにサービス提供できる環境に。

図解でわかる
人気のヒミツ

Point
和室もフローリング風のカーペットや照明で洋風に模様替えし、サロン全体に統一感を出した。

メインルーム

インテリア
天蓋風の布や手づくりのグリーンのオブジェが心を和ませる。

サブルーム
短時間で済む、アイラッシュや待合室に使用するサブルーム。

メインルーム
メイン施術ルームが2部屋独立しているため、お客さま同士が顔を合わせることはほとんどない。

スタッフルーム
スタッフルームは布で仕切って施術ルームと空間を分ける。キッチンスペースも布で目隠しし、生活観を見せない。

同時予約にも対応できる
完全なプライベート空間に

確かな技術と豊富なメニューで予想以上に顧客が定着

もともと美容師をめざしていた高橋さんは学生時代に爪が小さいという悩みを見事に解消してくれたスカルプチュアに感動し、ネイルサロンの開業を決意。また美容師資格を生かして、アイラッシュの技術も磨き、2本立てで各種メニューを構成した。さらに本格的なフットケアも導入。オープンから4年が経ち、美の意識は若者だけのものではないという思いも新たにする。

「高齢者施設で美容師として働きたかったのでヘルパー2級の資格も取得済み。学生時代は施設への実習も積極的に希望しました。サロン業界も社会貢献に目を向ける必要があるかも」

幅広い年齢層へ心を寄せる高橋さんの姿勢が支持を得ているのだろう。顧客数が想定の1．5倍という人気店になっている。

Owner's Choice

本格的なフットケアを導入し お客さまの悩みを解消

「Lunar」で採用しているフットケア用品は、ドイツのSixtusというメーカーのもの。衛生的で高品質なことからドイツではプロスポーツの世界にも広まっている。

一般にネイルサロンでのフットケアは軽石のようなもので足裏を擦る程度だが、「Lunar」ではフットマシーンを使って本格的な角質ケアを提供。かかとケアや魚の目除去など、指先までしっかりキレイにできる技術をオーナーがスタッフ全員に指導している。

こうした専門店にも劣らないサービスが喜ばれ、とくに皮膚が乾燥する冬にリクエストが増えるそうだ。

アルペンハーブの成分を生かしたSixtus製品は、1939年から続く伝統あるフットケア用品。

1 椅子はすべて電動式リクライニングチェア。ネイルも横になった状態で施術できるので、リラックスして施術が受けられる。

2 暖炉風オブジェの周りには、TVモニターや雑貨、販売商品を置くなど、部屋のアクセントになっている。

3 サロンで使用するものはアンティーク調の家具に収納。無機質な什器は極力置かず、デザイン性のある家具を実用的に使って部屋の雰囲気を保つ。

SHOP DATA

Private nail salon Lunar

住所　東京都小平市花小金井1-9-18-501
TEL　042-452-7830
営業時間　10:00～22:00
定休日　なし
URL　http://nailsalon-lunar.main.jp/

オーナーからのメッセージ

安価なサービスを提供するのではなく、まずニーズに丁寧に応えることでサロンを気に入っていただくことが理想です。

複合型メニューを提供するサロン

激戦区・銀座で、接客や豊富なデザインに定評のあるサロンをめざす

美容師をはじめ、さまざまな経験を積んで、最後に見つけたのがアイリストの仕事。やがて自分のサロンを開くしかないと決意し、銀座ではじめたお店は、すでに2店舗がフル稼働している。

06

Mihily & Nirvana
ミヒリー アンド ニルバーナ
東京都中央区

もとはリビングダイニングキッチンだったところに、ネイルとアイラッシュコーナーを設置。オーナーの飯田さんが選んだ化粧水や育毛剤などもお客さまの好評を博している。

おもな施術メニュー

ネイル
- シンプル&おすすめコース　10,760円
- オリジナル定額コース　11,800円
- オリジナルコース　14,700円
- ネイルケア（ウエットケア、ファイリング、爪磨き）　2,100円

※割引対象のオプションなどもあり。初回来店から3週間以内、40日以内に再来店した場合の割引あり。

まつ毛エクステ（通常メニュー）
- 80本　7,480円（1カ月以内の再来店6,480円）
- 100本　8,980円（1カ月以内の再来店6,980円）
- 120本　9,480円（1カ月以内の再来店7,480円）
- 90分の付け放題　13,000円（1カ月以内の再来店7,980円）

※支払方法が現金の場合は500円引き

601

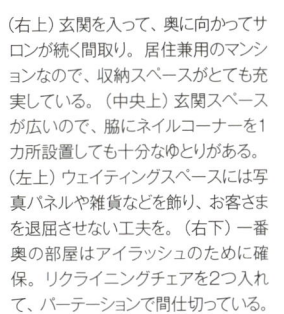

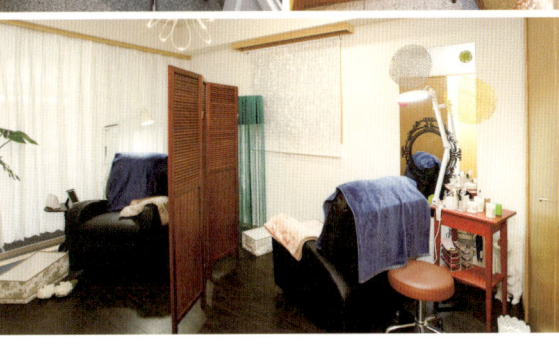

第1章 06／Mihily & Nirvana

（右上）玄関を入って、奥に向かってサロンが続く間取り。居住兼用のマンションなので、収納スペースがとても充実している。（中央上）玄関スペースが広いので、脇にネイルコーナーを1カ所設置しても十分なゆとりがある。（左上）ウェイティングスペースには写真パネルや雑貨などを飾り、お客さまを退屈させない工夫を。（右下）一番奥の部屋はアイラッシュのために確保。リクライニングチェアを2つ入れて、パーテーションで間仕切っている。

さまざまな職業を経て
アイリストとして独立

東京・銀座の老舗デパート「松屋」裏手にあるビルの6階にある「ミヒリー＆ニルバーナ」。サロン名は、同じく銀座にある1号店の「ミヒリー」と合わせたもので、「ニルバーナ」は姉妹店だ。

オーナーの飯田友香里さんは、もともとは美容師として活躍していた。一度は美容師を辞め、派遣の事務職、コールセンターのオペレーター、営業職など、さまざまな職業を経験するが、どれも長続きせず、いったん美容師に戻ったのちにアイリストに行きついたという。

しかし、アイラッシュサロンに勤めるも、「自分に合うサロンを見つけるのは難しいかも」と思うようになったのが、独立のきっかけに。2012年1月、ミヒリー店をオープン、そして7月にはニルバーナ店をオープンした。現在スタッフは、

ニルバーナ店に常駐する飯田さんのほかに、各店にネイリスト2人、アイリスト2人の体制を組んでいる。

客層は、20代半ば～40代の、「結婚しているけど子どもがいない女性」「30代で彼氏はいるけど結婚していない女性」など。銀座周辺でバリバリと働く女性が多いようだ。

2店めをはじめたのは、当初から1人では対応できないくらいお客さまが多く、他店から1人のアイリストを引き抜いたものの、それでもお客さまがさばき切れず、広い店舗を借りることにしたからという。

普段はミヒリー店の営業はスタッフに任せているが、「どちらかというとチープなつくりで、お客さまが気軽に立ち寄れるイメージ」に。そして、ニルバーナ店は間接照明を使うなど、落ち着いた雰囲気にしている。サロン内の小物や照明器具、写真パネル、パーテーションなどは、飯田さんが雑貨屋で選んできたもので、"自分らしいサロン"ならではの演出

上品ながら遊び心のあるネイルとまつ毛

（左上）華やかなイメージの、セーブルエクステを使用した「上下付け放題」も好評（参考価格3,980円）。（右上）国産のセーブルエクステ（120本）はグルーも安全・安心な国産を使用（参考価格3,980円）。（左中央）カルジェルまたはバイオジェルを使用し、ストーンもホログラムも付け放題。（右中央）パーティーなどにオススメのゴージャスなデザイン（参考価格7,980円）。（左下）お客さまをおもてなしするハーブティーは「生活の木」のものをチョイス。（右下）飯田さん愛用の3種類のツイザーは、癖の強いまつ毛を押さえつけたりするのにも重宝。

リピート客にはよりよいサービスを

施術料金は、ネイルは「シンプル＆おすすめコース」（1万760円）、「オリジナル定額コース」（1万1800円）、「オリジナルコース」（1万4700円）とコース料金を設定。まつ毛は通常80本で7480円のところ、来店後2カ月で2回来店の場合、1回約6480円、3回来店の場合、1回約4660円と、きれいな状態を保つほどお得になる料金設定に。定額コースを設定したのは、「時間を短縮できると思ったのと、お客さんもイメージしやすいと思うので。再来店頻度の多いお客さまにはよりよいサービスを提供していきたいと考えています」と飯田さん。「まつ毛の施術に関しては、カウンセリングがしっかりしている。提案力があると言われます」

をしている。

お店づくりのワザを学べ！

◆人材雇用やサロン経営の注意点は？

飯田さんがスタッフを雇うときに必ず伝えることにしているのが、「本当に好きじゃないとやっていけない。いいことも悪いこともあるから、軽い気持ちでやらないほうがいいよ」ということ。

また、雇ったスタッフがお店のコンセプトに合った施術ができるとは限らないことも多い。実際に、以前はサロン内の照明を下げ、暗めのところでお客さまには「眠くなる。落ち着く」と好評だったが、あるスタッフは明るくしないと手元が見えないということでライトを増やすなど妥協したという。

サロン経営については、「店長経験や、人を育てたこともなくサロンをはじめるのは大変です。サロン経営に責任をもつような環境にあるのなら、そういう経験をきちんと積んでからのほうがいいと思います」

◆銀座のお客さまの特徴は？

かつて新宿、渋谷のサロンで働いた経験もある飯田さん。「新宿、渋谷のお客さまは30分の遅刻は当たり前という方が少なくない」と感じていた。

その点、銀座なら常識のあるお客さまが来てくれるだろうと考えた。アイラッシュの施術をする場合、まつ毛の癖によって仕上がり具合が違ったり、身体に害を及ぼす恐れもあるため、訴訟問題にもなりかねない。銀座にしたのはリスクヘッジという意味もあったとか。

「銀座のお客さまは会社で15分前行動などの習慣がついているのか、来店するのが早すぎる方も（笑）。ちょっと遅れ気味のときでも、『いま駅に着いたので急いで行きます』と電話が入ったりもします」

銀座にサロンを開いてみて、客層の違いを実感しているという。ただし、「価格競争の割に家賃が高い」のが悩みのタネだとか。

フランフランやビーカンパニーが好きという飯田さんが選んだ雑貨やインテリアが、サロンのあちこちに飾られている。

開業資金の内訳

物件取得費	約800,000円
内装工事費（床貼り）	約50,000円
材料・備品費	約450,000円
広告宣伝費	約200,000円
運転資金	約1,500,000円
合　計	約3,000,000円

History ～オープンまでの歩み～

2002年
専門学校を卒業後、美容師として働きはじめる。

2010年
さまざまな職を経験したのち、再び美容師に。

2010年11～12月
アイラッシュサロンにて無給で働き、サロンワークを学ぶ。

2011年
東日本大震災後、夫とともにスリランカに渡るが、どうしても合わずに帰国。新しいサロンに就職するが、4カ月で辞める。

2011年10月
別のサロンに勤めるが合わずに退職。独立を決意。

2012年1月
「Mihily」をオープン。

2012年7月
「Nirvana」をオープン。

2013年11月
「Nirvana」が新店舗に引越し。

\図解でわかる/ 人気のヒミツ

パーテーション
飯田さんが選んだパーテーションで空間を区切ることで、それぞれのコーナーのお客さまのプライバシーを確保。

ネイルコーナー

ネイルコーナー
ネイルコーナーは入り口脇に1カ所と、部屋の中央に1カ所の計2カ所を確保。

アイラッシュの部屋
奥の独立した部屋にはアイラッシュのためのリクライニングチェアを2つ設置している。

Point
縦長の間取りをネイルとアイラッシュのコーナーに振り分け、パーテーションも活用している。

可愛い雑貨と印象的な照明がくつろぎを演出

ネイルの特徴としては、シンプルかつ上品、元気なビタミンカラー、可愛らしい女子力アップのデザインなど、銀座の客層の嗜好に合ったものがメイン。アイラッシュは上品でナチュラルなカールをオススメしている。さらに育毛剤や美容液も充実。

「基本的に売れる商品を扱おうと思っているわけではありません。効果があるものなら何でもOK。そのため、お客さまのまつ毛の状態についてはお話しますが、育毛剤については聞かれなければ使っている商品を説明しています」

近年は銀座もサロンが増えたばかりか、価格競争も激化。飯田さんのサロンも予約状況は厳しくなっているそうだ。そこで、自分のサロンならではの付加価値を高める努力が必要になっている。

「うちは、低価格なのに接客がしっかりしているとか、デザインが豊富といわれるサロンにしていきたいですね」と抱負を語ってくれた。

46

Owner's Choice

出店する土地を所管する保健所の基準に注意！

　アイラッシュサロンをはじめるには、地元の保健所への美容所登録が必要になる。一定の広さが確保されているか、換気扇、流しなどが設けられているかといった検査に合格しなければいけない。しかし、各自治体によって、登録に必要な基準には差があることも珍しくない。

　飯田さんの場合、当初は地元の埼玉県大宮市で物件を探したが、気に入った物件の流しの上の吊り戸棚の高さが10センチ足りないからという理由で不合格になったとか。「その点、東京の中央区なら合格基準はゆるいと聞いて、銀座に候補地を変えました」という。

　マンションタイプの物件は、水周りが完備されている点はメリットだというが、店舗をやれるかどうかは管理組合の規約を確認しておくことも大切だ。

1 地下鉄銀座駅から徒歩5分、有楽町駅から徒歩7分という便利な立地のマンション。ワンフロアに1物件なので、お客さまにプライベート感も与える。

2 個性的なデザインの照明器具も飯田さんが選んだもの。明るさはやや抑え気味にしている。

3 パーテーションでゆったりと区切り、限られた空間をフルに活用することができている。

マンション物件のため、キッチンには対面式カウンターがあった。そこに横長の鏡をはめ込んで、広さを感じさせている。

SHOP DATA

Mihily & Nirvana
(Nirvana店)

住所	東京都中央区銀座3-9-5 伊勢半ビル6F
TEL	03-3542-6927
営業時間	月～土 11:00～21:30 日・祝 11:00～19:00
定休日	不定休
URL	http://www.mihily.com/

オーナーからのメッセージ

ネイルは免許が不要ですが、簡単にできるからと軽い気持ちではじめると、お客さまに迷惑をかけることを忘れずに。

複合型メニューを提供するサロン

高い技術のスタッフが そろう、同時施術が 人気の複合サロン

学芸大学駅前にたたずむ約10坪ほどの複合サロン。ネイルとまつ毛の同時施術など、短い時間で質の高いサービスが受けられると、人気を集めている。

約10坪というコンパクトな店内で、ネイルとまつ毛、ヘア、シャンプーと、4つのサービスを提供するサロン。東急東横線・学芸大学駅から近く、周辺に住む幅広い年齢層のお客さまに愛用されている。

07 CHANTER-a

シャンテ・アー
東京都目黒区

おもな施術メニュー

ハンドケア（甘皮処理、長さ、形整え／30分） 3,000円
ネイルカラー（10本／ベースコート、カラー1色、トップコート）1,500円

ジェルネイル　　　　　　　　**アイラッシュ**
クリア　　　　6,000円　　　1本　　　　100円
カラー1色　　7,500円　　　（オフ／当店施術2,000、
グラデーション　+1,500円　　他店施術2,500円）

ヘア
Lady'sカット 5,000円　　Men'sカット(short) 4,000円

48

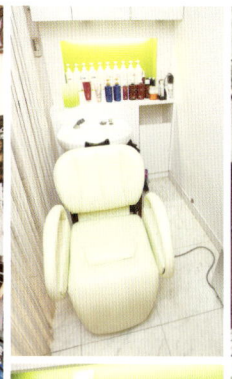

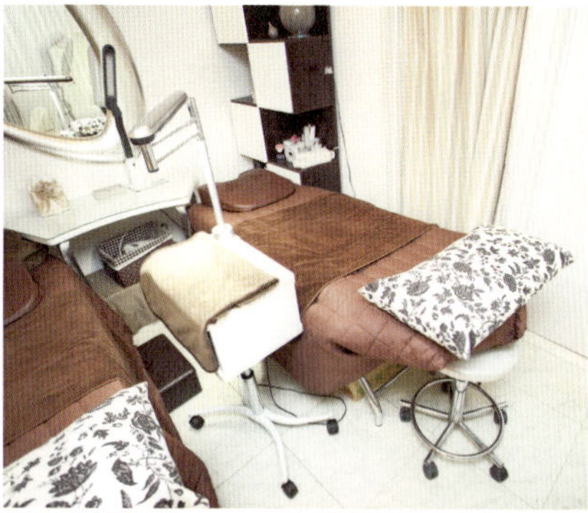

第1章 07／CHANTER-a

（左）ヘア＆メイクコーナー。オーナーの美容師時代の人脈で、スタイリストに面貸しも行う。（中央上）シャンプーコーナーは白で統一され、清潔感あふれる雰囲気。（右上）ベッドが2台設置されたアイラッシュコーナー。（中央下）アルミやリムーバーなどをセットにしたオフセット（3,150円）が人気。単体で買うより高い価格設定だが、ネイルオフの手順などを書いた紙をつけ、付加価値を高めている。（右下）ネイルコーナーは2席。

2週間、毎日複数の街に通い 客層や雰囲気をリサーチ

ネイル、アイラッシュ、ヘア＆メイクという3つのサービスを提供している「シャンテ・アー」。オーナーの岡崎陽子さんは元美容師。「ヘアだけのサロンでは、競争に勝ち抜けない」とネイル、アイラッシュのスクールで学び、2008年11月、東急東横線の学芸大学駅から徒歩1分のところにお店を構える。

「駅からの近さはもちろん、街の雰囲気を重視しました」と岡崎さん。ネイルやアイラッシュにかかる1万円前後の費用を継続的に捻出できる30代〜60代の富裕層の女性をターゲットに選定。高級住宅地と活気あふれる商店街がある街をいくつか選び、2週間ほど毎日通った。

岡崎さんいわく「08年にサロンを起ち上げた当初は、知り合いのパティシエにお願いしてオレンジピールのチョコレートがけを施術の合い間に提供するなど、くつろげるサロン

忙しい女性のニーズに応え ネイルとまつ毛を同時施術

岡崎さんを含めて3名のスタッフでスタートしたが、開業5年目の現在は、ネイリスト2名、アイリスト2名の計5名で、約10坪のお店を運営している。人気メニューのネイルとまつ毛エクステの同時施術は、複合サロンだからこそできるサービス。別々に施術すると約5時間かかるところを、2時間弱で済むと好評だ。

昼だけでなく夜も足を運び、スーパーや商店街で買い物をしている女性たちのおしゃれに対する感度や言葉遣いを観察したという。

「クレーム対応に時間を取られないためにも、街の雰囲気は重要。おしゃれに気を使っていて、穏やかな方が多い印象の学芸大学に決めました。その甲斐あって、いまもクレームはゼロです」

49

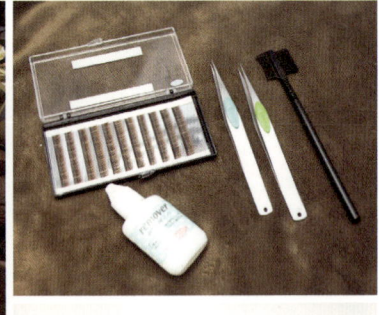

高いカウンセリング力により、短時間で満足度の高いサービスが可能に

（左上）アイラッシュをするお客さまの多くが、ネイルとの同時施術を希望。（左下）サンプルやネイル雑誌を見ながら、スタッフと相談してデザインを決めるお客さまが多い。客単価は約9,500円。（右上）道具は、密着するよう根元が溝加工されているシルクラッシュを使用。（右中央）何にいくらかかったか明確にわかるよう、あえて定額制は取っていない。（右下）お客さまに出すお茶はウエッジウッドのカップで。店内には純銀の食器などが飾られ、高級感あふれる雰囲気。

をめざしていました」とのこと。

しかし、日々の接客のなかで「仕事や家事で忙しいお客さまがサロンに求めているのは〝便利さ〟だ」と、気づかされた。そのため現在は、ラグジュアリーな雰囲気はそのままに、同時施術のほか、通常2～3時間かかるネイルの施術も1時間半～2時間で仕上げ、スピーディーさを心がけている。

「最初は『2時間半ないと厳しい』と言っていたスタッフも、いまでは丁寧な接客をしながら1時間半前後で仕上げることができるようになりました。スピーディーな施術のためには、道具の効率的な配置やお客さまの好みのデザインを調べておくといった下準備のほかに、カウンセリングのテクニックも必要。デザインを決めるときは、"AとBだったらちらがよろしいですか？"と、二択でどんどん絞り込んでいくと比較的短時間でデザインが決まります。美容師時代に身につけた技術です」

お店づくりのワザを学べ！

◆集客はどうしたの？

　開業当時、一番苦労したのが集客。ポスティング、駅前でのチラシ配布、インターネットの集客サイトへの登録など、ありとあらゆる手を使って集客に励んだ。

　なかでもお友だちを紹介すると40〜50％オフになる「紹介カード」や、来店時に次回の予約をすると10％オフになるサービスが好評で、次第にリピーターを獲得。開業後1年でお店は軌道に乗った。

◆リピーターの心をつかむには？

　お客さまの約9割がリピーター。飽きられないために、最新のネイル雑誌に掲載されているパーツなどを月に一度は取りそろえている。

　また、顧客カルテには、必ず趣味や家族構成をメモし、担当者が代わっても会話につながりが出るよう配慮している。

　売り上げの割合は、ネイル4割、アイラッシュ4割、ヘア＆メイク2割。15坪くらいのいまより広い物件にして、ネイルをもう2席増やしてもよかったかもしれないと思うこともあるという。

◆スタッフのマネジメントは？

　店舗運営は店長に任せ、オーナーの岡崎さんは時折店頭に立つほか、SEO対策や集客、求人、税理士との打ち合わせなどを行っている。

　スタッフとは不定期にミーティングを行うほか、月に一度はカフェなどで一対一で話し合う機会を必ず設け、コミュニケーションを欠かさない。

予約システムは無料の「R-Group」を使用。スタッフの携帯電話からも予約状況が確認できる。

開業資金の内訳

非公開

History 〜オープンまでの歩み〜

1999年
美容師として札幌のサロンに勤務したのち、東京にある支店に異動。

2004年
美容師の派遣会社を通じ、新たなビジネスモデルをフランチャイズ展開していく会社を紹介され、入社。店長としてサロンやスポーツクラブのスタートアップを手がける。

2006年
カナダ、イギリスへ留学。

2008年
帰国後、ネイルとアイラッシュのスクールに通い、半年後に「CHANTER-a」を開業。

\図解でわかる/
人気のヒミツ

Point
ネイル、アイラッシュ、ヘア＆メイク、シャンプーと4つのスペースを上手に配し、限られた空間を有効に利用。

ネイルコーナー
通りからもよく目につき、ネイルサロンの存在をアピールしている。

① バックヤード
スタッフなどが休憩するスペースも、しっかり確保している。

② 鏡
ヘア＆メイクコーナーの鏡は、裏に照明をつけ、光が壁に反射しやわらかい光になるよう職人にオーダーした。

③ ウェイティングコーナー
店内入って右手には、ウェイティングコーナーを設置。ソファは北欧製。

10坪に4つのスペースが同居する
狭さを感じさせないラグジュアリーサロン

2店舗目の出店に失敗 その経験を将来に生かす

開業して1年半後の10年には2店舗めの都立大学店を出店。だが思うように客足が伸びず12年に閉店。

「原因は、立地と人材の2点。都立大学は自由が丘に近く、お客さまがそちらに流れてしまう。また、12人のスタッフをそろえたが、経験豊富な人材をそろえられず、リピーターを獲得できなかったのが痛かった」

と、失敗の原因を振り返る。この経験を糧に、今後もあきらめることなく店舗数を増やしていきたいという。

「育児中に、ネイリストやアイリストの資格を取得する女性は多いのに、なかなか自分でサロンを開くのは難しい。うちの店にも、子育てしながら独立をめざしているスタッフがいます。そういう女性たちが輝ける場をつくり、将来、独立するための手助けをしていきたいと思っています」

第1章 07／CHANTER-a

Owner's Choice

必要な人材は
ヘッドハンティングで

「人材の確保がサロンの生命線」と岡崎さん。小規模サロンでは、一から人を育てるのは難しい。とくにネイルはデザインや技術が幅広いため、経験2年程度だとラインテープの貼り方もままならず、多様なお客さまの要望に応えられないこともあるという。

そこで、岡崎さんはお客さまにヒアリングを開始。これまでに出会ったネイリストのなかで腕のいい人を教えてもらい、まずはお客さまとして会い、じょじょに口説き落としてキャリア10年のネイリストをヘッドハントすることに成功した。

また、なるべくお店の近所に住んでいるネイリストやアイリストを雇用。子育て中でも、空き時間を利用して家に戻れるため、定着率が高まるという。

現在、在籍している2人のネイリストは、どちらも10年以上のキャリアで独立志向があり、モチベーションが高いとか。

1 ネイルとアイラッシュのコーナーの間には、寝姿は見えにくいが、スタッフ同士のアイコンタクトは可能な、色つきの衝立を使用。

2 パーマ液の臭いがネイルのお客さまの迷惑にならないよう、リッツカールトンなどで使われているエアアロマを月1万5,000円でレンタルしている。

3 空間を広く使うため、ネイルとヘア&メイクのスペースは、椅子が背中合わせになるようにレイアウト。中央に通路ができ、奥のスペースへも移動しやすい。

SHOP DATA

CHANTER-a

住所　東京都目黒区鷹番3-3-10
TEL　03-5724-3855
営業時間　10:00～21:00
定休日　年中無休
URL　http://chanter-a.com/

オーナーからのメッセージ

大切なのは立地と人材の確保です。10年選手のネイリストに巡り合えれば、確実に成功に近づけます。

美容室がオーナーのサロン

ほどよい個室感が心地よい表参道を見下ろすアイラッシュサロン

表参道の並木を眼下に望む大きな窓から、明るい陽射しが差し込む。ホワイトと木目を基調にしたインテリアが落ち着いた大人の女性に人気のアイラッシュサロンだ。

08
Attract Omotesando

アトラクト おもてさんどう
東京都港区

表参道の交差点からすぐの店舗は以前から注目していた物件。わかりやすい立地がお客さまに好評。お客さまが楽な姿勢で、なおかつ施術しやすい角度にリクライニングするイスをセレクトした。

おもな施術メニュー

会員価格		通常価格	
上30本/下30本(60分)	5,700円	上30本/下30本(60分)	6,300円
上40本/下40本(75分)	7,600円	上40本/下40本(75分)	8,400円
上50本/下50本(90分)	9,500円	上50本/下50本(90分)	10,500円
上60本/下60本(100分)	11,400円	上60本/下60本(100分)	12,600円
上70本/下70本(110分)	13,300円	上70本/下70本(110分)	14,700円

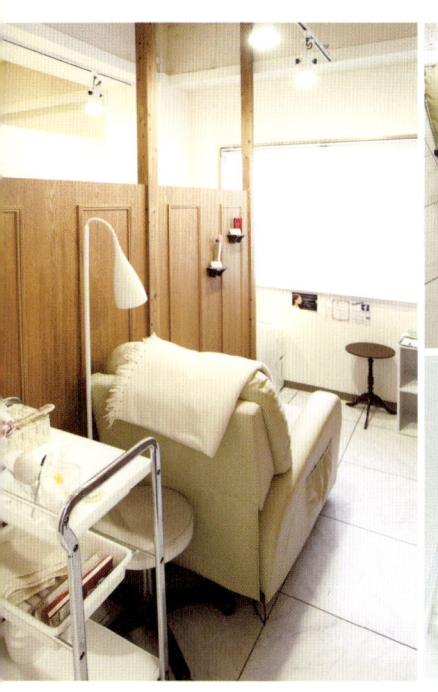

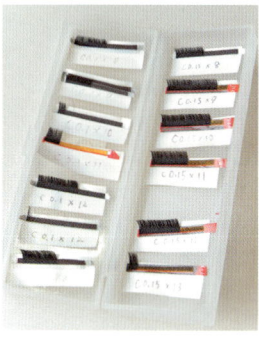

第1章 08／Attract Omotesando

(左)目線を遮る高さの木目のパーテーションで区切ることで、個室感を演出。(中央上)施術用のイスはスペースとの兼ね合いもあり、時間をかけて探した。(右)道具はワゴンにまとめて収納。消毒もしっかり行う。(中央下)アイラッシュは長さやカールなど種類が多いので、分かりやすく小分けにしている。

ヘアサロンに併設した一角からスタート

「アトラクト表参道」の代表・寺田和夫さんは、渋谷にあるヘアサロン「アトラクト」を経営するスタイリスト。サロンのスタッフの一人がアイラッシュの技術を取得していたことから、お店の一角をアイラッシュ専用ブースにしたところ、お客さまに大人気。2011年の春、ヘアサロンの隣にアイラッシュ専門のサロンをオープンした。

それと並行し、ヘアサロンの2号店を出すなら自分が修業したサロンがある青山にと考えていた寺田さん。しかし、そこは美容室の激戦区。「アイラッシュサロンはお客さまの反応がよかったので、激戦区でも差別化してやっていけるのではないかと考えた。アイラッシュサロンは法律上「美容所」に区分されるため各都道府県に届け出が必要だが、もともと美容室を経営しているので手続き

物件とは偶然の出会いからわかりやすい立地が重要

「アトラクト表参道」は表参道と青山通りの交差点からすぐ。地下鉄出口の目の前と、立地条件も最高だ。

じつは現在の物件との出会いは「リリース表参道」のオープン前のこと。物件を探していた寺田さんが信号待ちをしていて賃貸物件の貼り紙

に慣れているのも強みだった。12年11月にマンションの一室を借りてアイラッシュサロン青山店を出店。13年2月には2店舗をオープンと、立て続けに「リリース表参道」と「アトラクト表参道」をオープン。当初は「小さい店をたくさんオープンさせようと思っていた」と語る寺田さんだが、賃料の負担やスタッフのやりくりなどで小規模店を複数持つのはロスが多いと判断。12年11月、青山店と「リリース表参道」を統合し、「アトラクト表参道」としてリニューアルオープンすることにした。

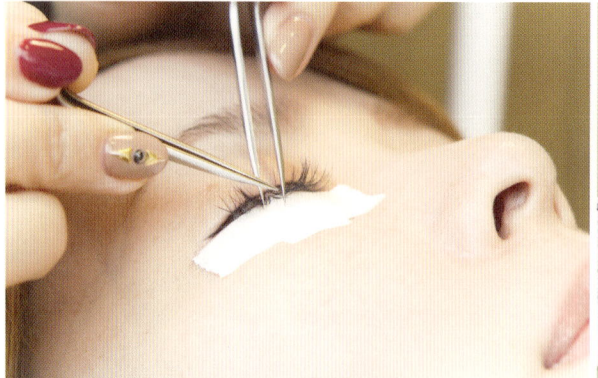

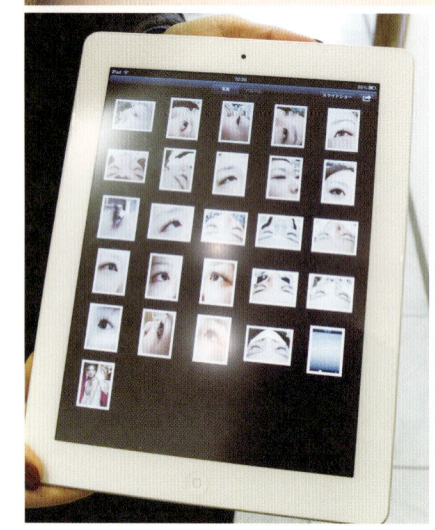

丁寧なカウンセリングと
ケア方法の説明で
魅力ある目元を演出

（左上）アイラッシュの施術は、自まつげ1本に1本の人工まつげを専用のグルーでつけていく繊細な作業。（右上）施術前に行うカウンセリングで使うシート。目の形や希望のほか、アレルギーの有無などもチェックして、お客さまの不安を取り除く。（左下）たくさんのスタイルの写真を見せて、どんなスタイルが好みか、お客さまが選べるようにしている。（右下）アイラッシュ用のケア用品なども販売している。

　を見つけ、即座に不動産会社に連絡。当時はまだ空きスペースだったため、思い切って賃貸契約を交わしたという。

　「2店舗の賃料を考えたらこちらのほうが割安でしたし、駅に近く、お客さまにもわかりやすい立地というのは大切なポイントですね」と寺田さん。ビルのワンフロアを占める店舗は開放的で、お客さまが入ってきやすい雰囲気がつくれたのもメリットだ。

　5つのブースは女性が立ったときに目線を遮る程度の高さのパーテーションで区切り、通路側には薄手のカーテンを引いつつも圧迫感を感じさせないようなレイアウトに。お客さまのプライバシーを重視しつつ、閉じ込められる感覚はなく、リラックスして施術を受けられるような空間づくりを心がけた。

お店づくりのワザを学べ！

◆内装費はいくらぐらい？

　物件の状態によって費用は大きく変わるが、「Attract Omotesando」では、すべての内装がはがされたスケルトンの状態だったために、床や壁の造作、天井の塗り直し、また空調設備などにも費用がかかった。

　通りに面した大きな窓からは自然光が入り、店内を明るい雰囲気にしているが、夏場は陽射しが暑すぎた……という誤算もあったが、ロールカーテンを厚地のものに変えて対応している。

◆メニューで工夫している点は？

　アイラッシュが保つ期間は個人差もあるがだいたい3週間から1カ月ほど。お帰りの際に次回予約をすると、割引になる制度にしている。

　また、初回から3回までは同じ価格で施術し、アイラッシュの「もち」や「きれいさ」を実感してもらっている。3回以上来店すれば、リピーターになってもらえる確率が高いという。

　一番人気のメニューは「つけ放題」。お客さまが納得いくまで、本数無制限でアイラッシュをつけることが可能なので、値段を気にせずに理想の目元を追求できると好評だ。

◆スタッフ採用のポイントは？

　「一番大切なのはコミュニケーション能力ですね」と寺田さん。

　アイラッシュサロンはスタッフもお客さまも女性なので、きめ細やかな心づかいが欠かせない。

　「お客さまとはもちろんですが、スタッフ間がギスギスしていたらお客さまがリラックスできません。周囲の人と良好な関係性を築ける人がいいですね」

デリケートな目元への施術なので、道具はしっかりと整理整頓して清潔に保管している。

開業資金の内訳

自己資金	約2,500,000円
借入金	約7,500,000円
物件取得費（保証金、前家賃等）	約2,000,000円
改装費	約5,000,000円
備品費	約1,000,000円
その他（運転資金など）	約2,000,000円
合計	約10,000,000円

History ～オープンまでの歩み～

2004年11月
渋谷にヘアサロン「Attract」をオープン。

2008年2月
株式会社Attract設立。

2011年春
渋谷店にアイラッシュサロンを併設。

2012年11月
アイラッシュサロン青山店オープン。

2013年2月
神宮前に「Release Omotesando」オープン。

2013年11月
青山店とRelease Omotesandoを統合し、「Attract Omotesando」オープン。

\ 図解でわかる /
人気のヒミツ

法律の規定をクリアし
居心地のよい空間を演出

入口
ガラスドアで店内の様子がわかるように。お客さまが気軽に入れるサロンをめざしている。

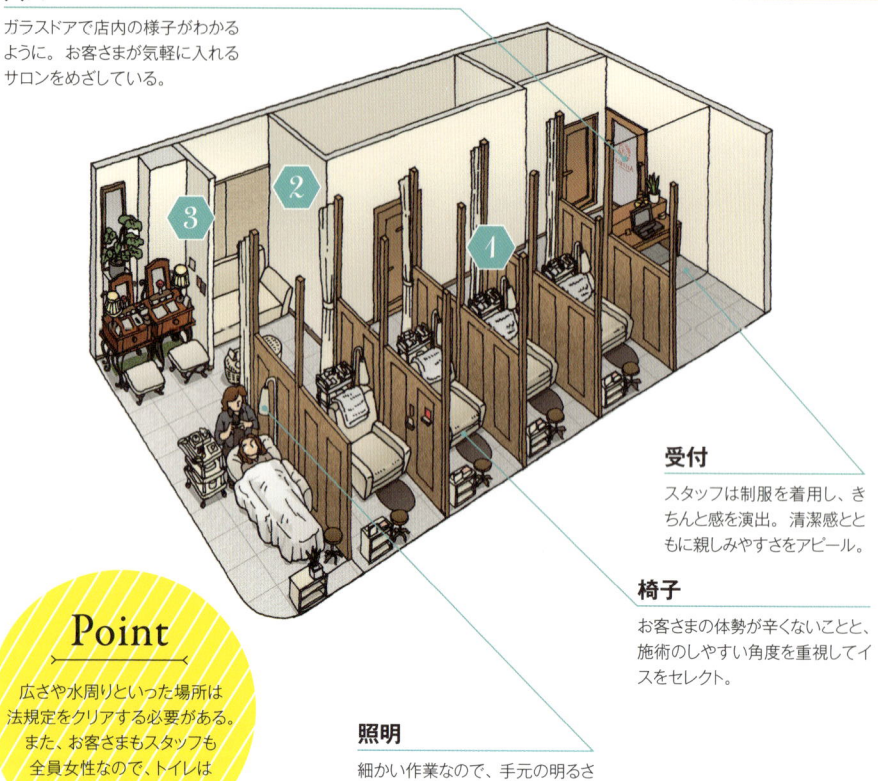

受付
スタッフは制服を着用し、きちんと感を演出。清潔感とともに親しみやすさをアピール。

椅子
お客さまの体勢が辛くないことと、施術のしやすい角度を重視してイスをセレクト。

照明
細かい作業なので、手元の明るさは大切。ただし、まぶしすぎないように工夫している。

Point
広さや水周りといった場所は法規定をクリアする必要がある。また、お客さまもスタッフも全員女性なので、トイレはつねに清潔に。

カウンセリングを重視してお客さまの不安を取り除く

以前はかなり高価で、一部の人にしか手の届かなかったアイラッシュも、この数年で一般に浸透。低価格化も進んでいる。サロンの数も増え、そのなかで、お客さまに安心してアイラッシュの施術を受けてもらうサロンには、確かな技術力が欠かせない。そして数あるサロンのなかから選んでいただくためには、お客さまとのコミュニケーションも重要だ。

「アトラクト表参道」では、アイラッシュがはじめてのお客さまには、カウンセリングシートを使ってまつ毛の状態やアレルギーなどを聞き取り、できる限り不安を取り除くように配慮。

また、お客さまのライフスタイル、普段のマスカラの使い方などから好みをつかみ、目の形なども考えて一番似合うスタイルを提案するようにしている。

58

Owner's Choice

お客さまから信頼される
サロンづくりのポイント

目元というデリケートな部分に施術するアイラッシュは、お客さまからの信頼が欠かせない。

施術器具などがきちんと消毒されているか、材料や備品類が整理整頓できているか、施術スペースやトイレなどの掃除が行き届いているかなど、衛生面での細やかな心配りが必要だ。

また、代表の寺田さんは普段渋谷店にいるため、表参道店はスタッフのみで営業することがほとんど。したがってお客さまへの対応はもちろん、問い合わせ電話の受け答え、身だしなみなど、スタッフが自己管理しなければならない部分も多い。

もちろん施術のテクニック向上も重要だ。「Attract Omotesando」では定期的にスタッフ全員の技術をチェックして、スキルアップを図っている。

ナチュラルな素材と照明が印象的なトイレは、いつも清潔に保たれている。

1 店内はパーテーションで区切り、プライバシーに配慮。リラックスして施術が受けられるとお客さまにも好評。シンプルなインテリアは大人の女性向き。

2 アイラッシュサロンではウェイティングスペースを設けることは法律上の必須事項。施術スペースと明確にわけて確保している。

3 簡単にメイク直しができるスペースはお客さまに大好評。気軽に使ってもらえるように化粧道具も準備している。

SHOP DATA

Attract Omotesando

住所	東京都港区北青山3-5-25 しもじまビル5F
TEL	03-5785-2345
営業時間	平日11:00～22:00 土曜11:00～20:00 日祝11:00～19:00 ※最終受付は閉店1時間前
定休日	火曜
URL	http://www.attract-hair.jp/

代表からのメッセージ

この数年でアイラッシュへの抵抗感が少なくなってきているのを感じます。これからも、需要は増えると思います。

美容室がオーナーのサロン

独立の第一歩は、ヘアサロンのスペースを借りて

いくつかのネイルサロン勤務を経たのち、ヘアサロンの一角を借りてネイリストとして独立。ネイルとヘアのお客さま両方に喜ばれ、集客面での相乗効果が生まれている

09
Nail Salon MonicaNail

ネイルサロン モニカネイル
大阪府東大阪市

おもな施術メニュー	
ハンド	
ケア	1,000円
ワンカラー	
ベタ塗り	3,500円
カラーグラデーション	3,500円
ラメグラデーション	3,500円
アートし放題	6,000円
ボディジュエリー	
ワンポイントアート(約3cm×3cmサイズ・ワンカラー)	300円
アート(約7cm×7cmサイズ・ワンカラー)	500円〜
カラー追加 1色につきプラス100円	
持ち込みデザイン料 プラス100円	

※施術内容によっては追加料金が必要

明るい雰囲気のヘアサロン「Hair mode 37avenue」でErikaさんが座っているのが、彼女の"仕事場"。道具と材料費だけで、自分だけのサロンをはじめてから1年余りだが、着実に固定ファンを獲得している。

第1章 09／Nail Salon MonicaNail

(上)天井が吹き抜けになっていて開放感のある店内の、いちばん奥がErikaさん専用のスペース。物件取得費はもちろん、内装やインテリアのためのお金もかけずにサロンを実現した。(右下)火曜だけは、いけがみゆうきさんも加わって。Erikaさんがサポートしながら、テクニックを磨いている。(左下)ヘアサロンのミラー前のスペースを使い、ネイルのデザイン見本や料金を表示したチラシ、ボディジュエリーのご案内などをしている。

ネイルに興味をもつ美容室のお客さまも

東大阪市の商業の中心といわれる近鉄・布施駅から徒歩5分。美容室「ヘアモード37アベニュー」の一角に、2012年9月、「モニカネイル」がオープン。4席あるうちの1席を使い、ネイリストのErikaさんが施術を行っている。営業時間は美容室に合わせて19時に終わるように設定、定休日の水曜日以外は毎日お客さまをお迎えしている。

Erikaさんがここで営業をはじめるようになったのは、かつて学んでいたネイルスクールの先生と美容室のオーナーが知り合いだったことから。3つのネイルサロンで勤めたのち、開業資金は道具と材料費のみの20万円でのスタートだった。

「美容室のお客さまにとっては、ネイルもできると知り、喜ばれていたす。パーマをしている時間を利用したり、顔を合わせるうちにネイルもしてみようかな、という方が増えているようだ。

「手間のかかる施術になると、普通は爪1、2本から3本にアートして1時間くらい。なかには10本全部にする方もいらっしゃいます」

そのほかのメニューとして、肌の上にタトゥーのような絵柄を施すボディジュエリーも用意している。

料金は定額制で、ワンカラーのベタ塗り、カラーグラデーション、ラメグラデーションが3500円、「アートし放題」が6000円(施術内容によっては別途料金が必要)の2本立て。

「モニカネイル」のウワサを聞きつけて訪れるのだとか。

サロンで断られたお客さまが、「モニカネイル」のウワサを聞きつけて訪いくものも評判だ。行きつけのネイルマンガやアニメをモチーフとして描いデザイン」。キャラクターものや、得意とするデザインは、「細かいペイントアートや、3Dで女の子らしい興味をもってくれたりも」と、Erikaさん。

自分の「得意」と
お客さまのオーダーの
両方を表現したい

(右上)アクリルネイルはリキッドとパウダーを混ぜ合わせ、材料が硬化するのを待って3Dアートをつくり出す施術。ワンポイントからキャラクターまで、さまざまなモチーフを立体的に仕上げることができる。(左上)Erikaさんが愛用する細筆。線を引くときの腰や、絵の具の含み具合など、いろいろな筆を試して使いやすいものを選んでいる。(右下)可愛らしい3Dアートは、Erikaさんの得意メニュー。他府県からもツイッターなどの情報を頼りにお客さまが訪れる。(左下)「いつかは自分のサロンをもちたいと考えていますが、いまは頑張るだけ。お客さまに喜んでいただけるよう、練習を重ね、作品の質を上げていきます」というErikaさん。

相乗効果を期待できる美容室のスペース借り

美容室のスペースを借りてネイルサロンをオープンする場合、お互いの集客による相乗効果が期待できる。新たに物件取得をすることもなく、内装やインテリアをそろえる必要もない。少ない資金ではじめられるので、リスクは低いのが魅力だ。

しかし、スペースを貸してくれる美容室を簡単に見つけることはできないだろう。通常なら開業したいエリアに絞って営業をかけるしかないところ、Erikaさんのように運よく紹介してもらえるケースは少ないかも。「37アベニュー」の店長・加藤康平さんは、「ネイルのことには口を出しません。全部お任せしています。お互いにお客さまを獲得するチャンスになればいいですね」という。

お店づくりのワザを学べ！

◆ スクールで学ぶメリットは？

「実際に先生の施術を直接見たり聞いたり、教えてもらえるネイルスクールは学ぶ価値があると思います」とErikaさん。

有名な先生の授業を受けられたり、コースによって学費は20万～100万円と大きな価格差があるため、なかには通信教育を選ぶ人もいるが、それだけでは不十分だという。

「小さな爪や曲がっている爪など、癖のある爪をたくさん経験するといいと思います。いろんな爪に触れて、練習量を増やすことが大切です」

◆ 美容室に払うお金はあるの？

「MonicaNail」では、いっさいの金銭的な負担はしていない。美容室のスペース借りをする場合、通常は固定費（家賃の一部など）の負担をすることもあるので、あらかじめしっかりと話し合いをすることが大切。

負担の有無にかかわらず、まずはお互いの信頼関係を築くことが求められる。

◆ 技術と道具のこだわりは？

2011年、サロンワークを続けながらネイルスクールに通い、ネイリスト技能検定試験2級の資格を取得したErikaさん。さらに、「ほかのネイリストと差をつけるため」3Dアートのカリスマと呼ばれる松田ようこ先生のもとでアクリルネイルを学んだ。

道具のなかでは、とくに筆の毛質にこだわっている。動物の毛を使ったコリンスキーは、腰と絵の具の含みが違うと愛用している。細い線を引くときはトールペイント用の筆を使うなど、いろいろ使ってみて、自分に合った道具を選ぶといいという。

Erikaさんの道具と材料の一式をまとめたワゴン。自分の椅子の脇にコンパクトに収納。

開業資金の内訳

道具、材料費 …………… 約200,000円

合　計　　　　　　　　　約200,000円

History ～オープンまでの歩み～

2010年
事務職として働きながら、PJG大阪本校を卒業。その後、3つのネイルサロンで働く。

2011年
サロンワークを続けながら、「ロマンティックプリンセス」に入校。3Dアートのカリスマ・松田ようこ先生に学ぶ。ネイリスト技能検定試験2級の資格を取得。

2012年9月
ヘアサロン「Hair mode 37avenue」の一角を借り、「Nail Salon MonicaNail」をオープン。

\ 図解でわかる /
人気のヒミツ

高い天井
もとは飲食店だったらしい物件らしく、天井が吹き抜けになっていて開放感が満点。

大型ミラー
美容室ならではの大型ミラーが設置されている。お客さまにも好評。

明るい雰囲気
明るい店内に美容室のスタッフなどもいるので、孤独になることもない。

Point
最小限のお金でも独立が可能。美容室の一角を借りているスペースは、ヘアのお客さまの興味も引きやすい。

一人ではじめるサロンとして最小限のスペースを確保

広告料0円のSNSを活用して集客

1日のお客さまは、基本的に完全予約制で2～3人くらい。火曜日だけはサロン未経験のいけがみゆうきさんも加わり、Erikaさんがサポートしている。

また、13年6月からはツイッターやフェイスブックを活用。キャンペーン告知をしたり、お客さまのネイル写真を公開。しだいに口コミが近県にまで広がって、現在では90％はツイッターからのお客さまだとか。

「フェイスブックは写真が見やすいですし、ブログ更新よりも手軽なツイッターでお客さまが増えています。でも、いつかは自分のサロンをもちたいと思います。今後は、自分がどれくらい頑張れるか。作品のクオリティを上げて、サービスの向上を図りたいですね」

Owner's Choice

もう一つのメニュー ボディジュエリー

　ボディジュエリーとは、専用の接着剤を肌に塗り、パウダーやシール、ラインストーンなどで施すメークのひとつ。女性が肩や腕、背中、腰などに入れることが多く、結婚式やパーティーなどのイベントで目にするようになっている。はがすときはクレンジングオイルで優しくなでれば簡単に落とすことができるが、通常は3～7日間は持続する。

　近年はメニューに取り入れるネイルサロンや専門サロンも増えてきている。「MonicaNail」でも、ワンカラーのワンポイント（約3cm×3cmサイズ）300円、アート（約7cm×7cmサイズ）500円～という施術を行っている。施術を行うには資格は必要ではないが、民間資格を取得する人も増えているようだ。

キラキラとボディジュエリーが美しく輝く、Erikaさんといけがみさんの腕。

1 Erikaさんの得意とする3Dアートは、キャラクターものなど。ツイッターを見て、他府県からもお客さまが訪れる。

2 施術料金は定額制なので、お客さまにもわかりやすい。ただし、時間のかかるデザインには追加料金が必要になることを事前に説明している。

3 美容室のスペースを借りているので、開業時の物件取得費がかからないで済んだ。材料、道具代だけではじめられるのでリスクは低い。

SHOP DATA

Nail Salon MonicaNail

住所	大阪府東大阪市足代3-5-6 Hair mode 37avenue 内
TEL	090-3429-3984
営業時間	月・火 10:00～17:00 木・金 10:00～19:00 土・日 　9:00～18:00
定休日	水曜
URL	http://ameblo.jp/lady-dolce/
facebook	https://www.facebook.com/monicanail0820

オーナーからのメッセージ

とにかく施術の数をこなすことが大事。こうやってあげたほうがキレイかなと考えながら練習を続けましょう。

アットホームな自宅サロン

日常に小さな贅沢を提供する
隠れ家的なごほうびサロン

閑静な住宅街にたたずむ白い一軒家。玄関先ではハーブや色とりどりの花々とともに笑顔のオーナーが迎えてくれる。まるで友だちの家を訪ねたような心が安らぐ隠れ家サロンだ。

10
Petite Luxe
プチ リュクス
千葉県鎌ケ谷市

おもな施術メニュー

ジェルネイル(すべてドライケア込み)
5,000円コース…カラー1色・フレンチ・変形フレンチ・
　　　　　　　　カラーグラデーション1色仕上げ
6,000円コース…ダブルフレンチ・カラー10本追加・
　　　　　　　　ホロ10本追加など
7,000円コース…プッチ・マーブル・水彩画・手描きアート
　　　　　　　　などを取り入れたデザインネイル

指先ケア(ファイル・甘皮・爪磨き)　2,500円
角質ケア(ハンド)　　　　　　　　　1,000円
フットジェルネイル　　　　　　　　8,500円〜

自宅兼サロンのエントランスに立つオーナーの山根さん。白やナチュラルウッド系で統一された室内は、陽射しが差し込み明るい雰囲気。ネイルの色がきれいに見えるようにと照明には気を遣った。

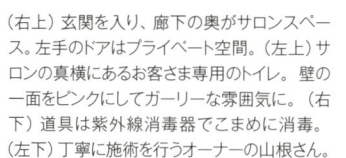

第1章　10／Petite Luxe

（右上）玄関を入り、廊下の奥がサロンスペース。左手のドアはプライベート空間。（左上）サロンの真横にあるお客さま専用のトイレ。壁の一面をピンクにしてガーリーな雰囲気に。（右下）道具は紫外線消毒器でこまめに消毒。（左下）丁寧に施術を行うオーナーの山根さん。

自宅の新築を機に
サロンオープンを決意

私鉄の駅から徒歩5分余り。新しい家ばかりが立ち並ぶ住宅地の一角に、「プチ・リュクス」の看板が。家は住宅地なので、あまりお店らしくしたくなかったんです」とオーナーの山根なお美さん。その言葉通り、外観は一般のお宅。自宅の一部を開放した、隠れ家サロンだ。

山根さんがネイルと出会ったのはいまから8年ほど前のこと。友人がバイオジェルのセットをもっており、一度レクチャーを受けてからはセルフネイルを楽しんでいた。

もともと「癒し」や「美」に興味があり、ハーブやアロマも大好きで「自宅でサロンを開きたい」という夢を抱きつつも、当時はマンション住まいだけに夢で終わっていた。

それでも旺盛な好奇心から独学でネイルを学び、自宅の新築を機に自宅サロンのオープンを決意。日本ネイリスト協会の検定を受検して3級、2級と順調に合格。講習やスクールにも通い、念願の1級を取得してオープンに備えた。

家族の協力と
近隣への配慮が大切

自宅でのサロンオープンで大切なのは、サロンスペースとプライベートスペースの分け方だ。「プチ・リュクス」の場合、サロン併設を念頭に自宅を設計したので、その点については配慮しやすかったという。家族とお客さまが共有するのは玄関のみ。トイレは1階と2階につくり、1階はお客さま専用とした。

玄関を入った廊下の先にサロンを配置。あえてドアは設けず、カーテンで目隠しできるように。「家族が帰宅したときにお客さまが来ていたら、気配を消してリビングに入ってもらったり、靴の脱ぎ方にも気を遣ってもらったり……。家族

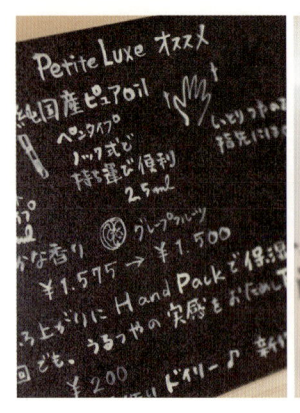

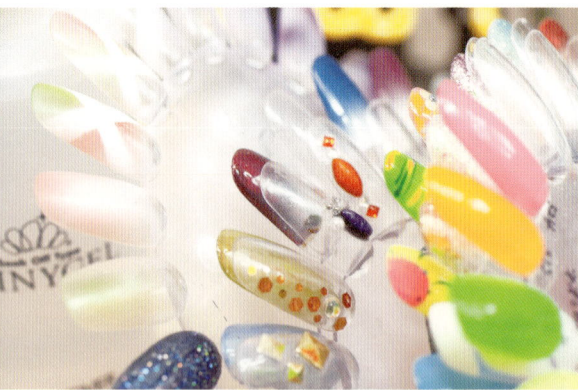

世界に一つだけ
オリジナルデザインの
リクエストもOK!

(左上)ネイルオイルなど、オススメのケア用品を販売。(右上)目移りしそうなほど色とりどりのカラーサンプル。自爪にあてて、肌色との相性を見ることもできる。カウンセリングでお客さまと一緒に好みのデザインや色などを決めていく。(左下)いわさきちひろの絵が大好きという山根さん。透明感のある繊細なちひろの絵をイメージしたネイルに。(右下)これまでの作品を撮影したアルバム。ポップなものやガーリーなもの、ウエディングネイルなど、オリジナルデザインが豊富。

の協力なしに、自宅サロンは難しいですね」

もう一つ気をつけたいのは、近隣への配慮。車で来るお客さまのために駐車スペースを確保。自宅にスペースがなければ、近くのコインパーキングを案内するなどの工夫が必要になる。

「ネイルサロンは大きな物音や臭いが出るわけではないので、住宅地でも開業しやすいはず。ただ、路上駐車など、近隣にはご迷惑をかけないことは大切です」

古くからの住宅地などは見知らぬ人が出入りすることになるため、ちょっとした心遣いがご近所トラブルを防ぐことになる。

お客さまが笑顔になるような
会話も楽しめるサロンに

「プチ・リュクス」にはその名の通り、お客さまがちょっとした贅沢を楽しめるサロンにしたいという願い

お店づくりのワザを学べ！

◆予約はどのように受ける？

ホームページに設定したメールフォームで予約を受け付けている。自宅サロンのため、住所や電話番号は公表せず、予約が確定した段階で住所を教えるようにしている。

日時の指定や希望のメニュー（オフが必要か、だいたいのデザインなど）のほか、アレルギーがあるか、指にケガはしていないかといった爪の状態も確認。状態によっては施術できないこともあるため、予約の段階で確認が必要。大体2〜3回のやり取りを経て、予約が確定する。

一人あたりの時間は3時間を確保。住宅地なので道に迷って遅れてきたりする人もいるため、長めにとっておく。

◆メニューで工夫している点は？

オリジナルデザインで注文を受けることも多く、イラストや写真などからイメージを膨らませることも。

ホログラムやラインストーンといった定番のデコパーツのほか、天然石を使ったハッピーストーンネイルも人気。

「つねに視界に入るネイルにハッピーストーンがデザインされていたら、なんとなく力が湧いてくる気がしませんか？」と、山根さん。

◆接客で気をつけていることは？

体調不良になったら予約をキャンセルしなくてはならず、お客さまに迷惑をかけることになってしまう。

「おかげさまでオープンしてから、自分の都合で予約をキャンセルしたことはありません」。疲れた顔でお客さまの前に出るのは避けたいもの。いつでも体調管理は万全にしておきたい。

解説つきで1粒から選べるハッピーストーン。「気分が上がる！」とお客さまにも好評だ。

開業資金の内訳

備品費＋資格取得費用	約2,000,000円
合　計	約2,000,000円（すべて自己資金）

History 〜オープンまでの歩み〜

2005年
友人からバイオジェルのレクチャーを受け、ジェルネイルに興味をもつ。

2009年12月
ネイリスト技能検定試験3級に合格。

2010年春
バイオジェルのディプロマを取得。

2010年6月
ネイリスト技能検定試験2級に合格。

2011年6月
ネイリスト技能検定試験1級に合格。
自宅兼サロンが完成。

2011年10月
「Petite Luxe」
オープン。

\図解でわかる/
人気のヒミツ

Point
プライベートとの兼用部分を極力減らし、お客さまにくつろいでもらえる空間を確保する。

リビングのドア
お客さまが通る廊下に面したリビングのドアは、模様ガラスを入れて視線をカット。

窓
白い壁と2面からの採光で室内は明るく。カーテンは雑貨店などで購入した布を利用。

玄関
家族とお客さまの両方が使うため、玄関スペースは広めに確保。クローゼットも兼用。

収納用ワゴン
施術用のテーブルと高さをそろえた道具入れのワゴンは、ご主人の作品。

プライベート空間から独立させた居心地のよいサロン

が込められている。
お客さまは20〜40代の女性が中心。ネイルがはじめてというシニア世代のお客さまも増えているという。まずはハーブティーでおもてなし。ハーブ店に勤めた経験からハーブやアロマにも詳しく、インストラクターの資格も取得している。

接客にあたっては、お客さま1人当たりの施術時間をたっぷりと確保し、ゆっくりと会話を楽しむ。

自宅開業ではいろいろと気を遣うことも少なくないが、固定費がかからないのが強み。妹さんが経理の仕事をしているため、帳簿付けなどのアドバイスをしてくれるのも助かっているという。

「爪をキレイにするのはもちろんですが、甘皮の処理やマッサージなど、手そのものを美しく保つケアにも力を入れていきたいですね」

Owner's Choice

「好きなこと」が結果的に仕事になった

　山根さんがネイルに興味をもったのは39歳のときと、少し遅めのスタート。それまでにもハーブなどのガーデニングやアロマ、ラッピングなど、家事や仕事をしながら「癒し」や「美」につながることを勉強して資格を取ったりしてきたが、サロンオープンを計画的に進めてきたわけではなかったという。

　「漠然としたイメージしかなく、あくまでも空想の域」と笑うが、ハーブのお店で働きながらハーブについて学んだり、美容サロンの受付で働いていたころは予約の受け方や電話対応などの実務を学ぶなど、結果的にサロンの仕事に役立っていることが多い。

　好きなこと、興味があることを積極的に学んできた姿勢が、現在のサロンの仕事につながっている。

天然石やハーブに関する書籍が並び、勉強熱心さがわかる。

1 ジェルやデコパーツなどを収納するためのワゴン。コストコでひとめぼれして購入。引き出しが浅いため、細かい小物の整理に重宝している。

2 お母さま手づくりのドイリー（レース編みの飾りや敷物）を展示販売。インテリアにもなっている。

3 無印良品の棚やアンティーク調のチェストなどで見せる収納テクニックは参考にしたい。

SHOP DATA

Petite Luxe

住所　千葉県鎌ケ谷市新鎌ケ谷
　　　※詳しい住所は、ご予約時にお知らせ
TEL　非公開
営業時間　10:00〜21:00
定休日　不定休
ブログ　http://ameblo.jp/petiteluxe/

オーナーからのメッセージ

日々、お客さまに成長させていただいております。今後はネイル、ハーブの講習会も開催していきます。

アットホームな自宅サロン

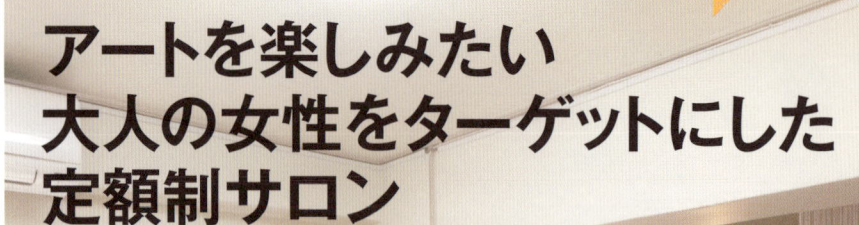

アートを楽しみたい
大人の女性をターゲットにした
定額制サロン

こげ茶を基調にした落ち着いた雰囲気の
ホームサロンは、大人の女性がターゲット。
オーナーと相談しながらこだわりのアートを
思いきり楽しめる定額制を採用している。

11 Nail! Nail! Nail!
ネイル ネイル ネイル
東京都目黒区

おもな施術メニュー	
ハンドカルジェル	
贅沢アートプラン	9,500円
ベーシックプラン	8,500円
ハンドケア&ワンカラープラン	7,500円
フットカルジェル	
フットケア&贅沢アートプラン	9,500円
フットアートプラン	8,500円
フットケア&ワンカラープラン	8,500円
その他	
ハーブテント(30分)	2,500円

元バーテンダーという経歴をもつ、オーナーの田丸さん。ほどよい距離感の接客と、ほかのお客さまと重ならない配慮によって、「落ち着ける」「のんびりくつろげる」と好評のプライベートサロンだ。

（左上）生活感が出やすい玄関は、シンプルだがセンスを感じさせるディスプレイを心がけている。（右上）寝室など生活空間のある部分はファブリックで目隠し。（右下）接客は、他人行儀になり過ぎず友だち感覚でもない、ほどよい距離感。「無理に話しかけることなく、お客さまの好きなように過ごしていただけるよう気を配っています。テレビや持ち込みのDVDを楽しまれる方もいらっしゃいますね」と田丸さん。（右下）落ち着いた雰囲気のウェイティングスペース。

10畳のLDKを贅沢に使ったくつろぎ空間

オーナーの田丸智子さんが自宅兼サロン「ネイル！ネイル！ネイル！」を構えているのは、東京・代官山駅と中目黒駅から歩いて5分の好立地。築44年のヴィンテージマンションの一室だ。周囲は住宅のため、目立つ看板などは出さず、表札代わりにショップカードを掲示している。

1LDKの自宅のうち、サロンとして使用しているのは、10畳ほどのLDK部分。部屋に入って左手はソファやテレビが配されたウェイティングスペース、右手はネイルデスクが置かれた施術スペースに。施術スペースしかない自宅サロンも多いなか、ゆったりした空間づかいだ。

「ウェイティングスペースは、結婚パーティーへの出席前にご来店され、メイクやお着替えをしたり、ネイルをしている間にお子さまを遊ばせたりするのにも重宝しています。こうした融通がきき、お客さまが友だちの家に遊びに来たときのようにくつろげるのが、自宅サロンのいいところだと思います」

また、値段を気にせず安心してアートを楽しんでもらいたいと、2013年4月からは定額制を採用。

「以前はストーン1粒いくらで計算していましたが、計算も大変ですし、ひとくちに"アート"といっても、簡単なものから複雑なものまでさまざま……と躊躇される方も多かったので、定額制に踏み切りました。3つの価格帯があるのですが、好みのデザインでストーンも好きなだけ楽しめる、一番高額の9500円コースを選ぶお客さまが多いですね。結果的に売り上げも伸びました」

開業当初の客数は月に4、5人

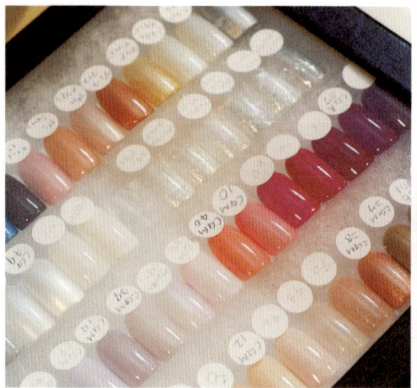

セミナーや展示会に積極的に足を運び技術を磨いています

（左上・左下）ネイルチップは、講習会に参加して新しいデザインを学んだり、シーズンの変わりめなどに作成している。（右上）ニッパーはヒカリ、ネイルニッパーはスワダ、筆は弾力がちょうどいいモガブルックのものを使用。ニッパーなどは年に1回、メーカーに研ぎに出し、切れ味をよみがえらせている。（右下）ハンドやフットのマッサージには、マンダリンホテルのスパでも使われている、アメリカ・ビバリーヒルズ生まれのブランド「スパリチュアル」のクリームを使用。

田丸さんは元バーテンダー。勤務が深夜に及ぶため、体力に限界を感じ、「一生続けられる仕事を」と、30歳で退職した。ネイルとマッサージ、どちらのスクールに通うか迷ったすえ、マッサージを選択。卒業後、マッサージ店に勤めはじめたが、持病の腰痛が悪化してしまった。

そこで、「ネイルなら体への負担が少ない」と、派遣で働きながらスクールに1年間通い、代官山のネイルサロンでのインターンシップを経て、学芸大学の自宅で08年に開業した。

「ただ当時の自宅は駅から遠かったこともあり、積極的に集客はしていませんでした。派遣の仕事を続けつつ、友だちに知人を紹介してもらい、お客さまは月に4、5人でした」

ブログの工夫が集客につながった

転機になったのは、12年4月に現在の場所に自宅兼サロンを移転したこと。交通の便がよく、築年数は古

お店づくりのワザを学べ！

◆仕入れはどうする？

カルジェルやスワロフスキーなどの仕入れは月に1回程度。問屋に足を運ぶのと、問屋のネット通販を利用するのと半々くらい。どちらも頻繁に行われる期間限定のセールをよく利用するそう。

プロ専用の問屋では、ネイリスト技能検定試験3級以上の取得者でないと購入できないところも。

スクールに通っていたときは、技術が学べればいいと資格取得に熱心ではなかった田丸さんだが、「結果的に2級をとっておいてよかった」という。

◆技術のスキルアップは？

問屋が主催する有名ネイリストのセミナーや、各メーカーがアートのデモンストレーションなどを行っているネイルエキスポなどに積極的に足を運び、情報収集や技術のブラッシュアップに励んでいる。

また、ネイリストがプロやセルフネイラー向けに開くセミナーにも参加。見ただけでは真似できないアートを直接学ぶことができ、勉強になるという。

◆サロンでの実務経験は必要？

サロンでの実務経験がないまま開業するネイリストも少なくない。しかし田丸さんは、スクール卒業後、半年ほど代官山のサロンでインターンシップを経験したことが、大きな糧になっているとのこと。

「はじめて会うお客さまとおしゃべりしつつ、限られた時間内で満足のいく仕上がりが求められるサロンワークは、友人相手のときとはまったく違う緊張感があります。経験しておいて損はないと思います」

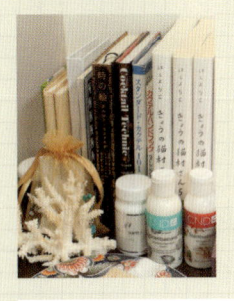

自宅サロンらしく、田丸さんの愛読書が並ぶ。

開業資金の内訳

資格取得費用	約400,000円
備品費	約100,000円
合　計	約500,000円

（すべて自己資金）

History 〜オープンまでの歩み〜

2005年
マッサージのスクールに通ったあと、マッサージ店に勤めるも体力に限界を感じ、退職。

2009年
派遣で働きながらネイルスクールに通い、ネイリスト技能検定試験2級を取得。その後半年間、代官山のネイルサロンでインターンシップを経験。

2010年
最初は友人の友人などを紹介してもらい、東急東横線・学芸大学で「Nail! Nail! Nail!」をスタート。

2012年
現在の場所に移転。

\ 図解でわかる /
人気のヒミツ

Point
一人暮らしのため、自宅サロンでも10畳のLDKを贅沢に使用。広々したくつろぎの空間を演出している。

大きな窓
大きくとられた窓のおかげで、室内は明るく開放感たっぷり。

ウェイティングスペース
自分がリビングとして使っている空間を、ウェイティングスペースとして利用。

本や雑誌
フットのお客さまのために、雑誌やマンガを用意。元バーテンダーの田丸さんらしく、カクテルの本も。

広々としたLDKを開放し、アートに集中できる空間に

いが高級感のある物件にめぐり合えたこともあり、集客に力を入れようとブログを開設した。

しかし、なかなかサロンの客足が伸びない。そこで、ブログで集客するノウハウを教えてくれるコンサルタントの無料相談などを活用。見出しのつけ方などを工夫したところ、しだいに予約が増えはじめ、月に10名前後の客数をキープできるようになった。

現在は、「ネイル！ネイル！ネイル！」の仕事と業務委託の事務の仕事が、時間的にも収入的にも1対2くらいの割合だという。

「苦労しているのは、やはり集客。ただ、規模を大きくするのではなく、自宅でひっそりサロンを続けていくことが私の理想。少しずつサロンの仕事が増えていけばいいと思っているので、焦らず自分らしいやり方を考えていきたいです」

Owner's Choice

ブログの工夫で
集客力アップを図る

　ブログでの集客をめざし、田丸さんがまず取り組んだのが見出しの改良。「代官山 中目黒から徒歩5分。カルジェルで上品＆大人可愛いネイルが楽しめる定額制プライベートネイルサロン。Nail! Nail! Nail!」という見出しをつけ、「中目黒　プライベート　ネイルサロン　大人可愛い」など、場所やテイストで検索したときの上位に来やすいよう工夫した。

　また、顔や室内の様子がはっきりきれいに見える写真や人となりがわかるプロフィールも掲載したところ、新規の予約が実際に増えはじめたという。

　このほか、美容系サロンの検索サイト「ispot」に月15,000円で広告を掲載している。50％OFFキャンペーンなどで来店したお客さまのリピート率が今ひとつなので、その改善が目下の目標とか。

「フットの時にご持参されたパンを食べながら」など、どんな過ごし方ができるのかも具体的に記述。

1
エイジングケアやデトックスに効果大のハーブテント（2,500円／30分）。利用者が少ないため、どうすれば認知度が高まるか検討中とか。

2
専門店のネイルデスクは割高なため、インテリアのテイストに合わせてIKEAで同スペックのものを購入。

3
キッチンなど生活感のある部分は、間仕切りで区切ってお客さまの目に入らないように。

SHOP DATA

Nail! Nail! Nail!

住所	東京都目黒区中目黒1 ※詳しい住所は、ご予約時にお知らせ
TEL	03-3710-2993
営業時間	月～土　11:00～20:00（最終受付） 日・祝　11:00～18:00（最終受付）
定休日	不定休
URL	http://ameblo.jp/nail303t/

オーナーからのメッセージ

固定費不要で、マイペースでOKなのが自宅サロンのよさ。一生続けられる仕事なので長い目で見ることが大切。

beauty column

顧客管理のための
必須！アイテム類

お客さまの情報をサロン経営に生かすとともに、
提供する施術サービスへの不安を取り除き、
お互いの信頼関係を結ぶためになくてはならないのが、
この3つのアイテム。

Member's Card
メンバーズカード

お客さまが2回め以降の来店時に提示すると割引サービスが受けられるものや、ショップカードの裏面にスタンプを押せるようにしたものなどがある。

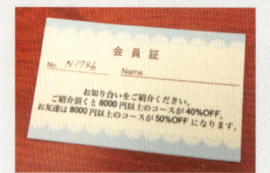

お友だちを紹介すると割引になるサービスをアピール（Mihily & Nirvana）。

ショップカードの裏面をスタンプカードに利用（EYELASH SALON Lea）。

30ポイント貯まると角質ハンドケアのサービスが受けられる（Petite Luxe）。

Karte
カルテ

お客さまの氏名、住所などをはじめ、指先や目元などの状態、アート内容、どんな会話をしたかなどを記入。2回め以降の施術を行う際、前回の情報を生かすことができる。

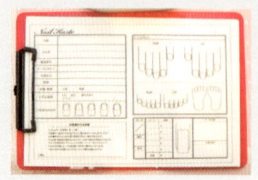

インターネットから無料でデータをダウンロードできるものも（Nail Salon MonicaNail）。

Application
申込書

施術を行う際の注意事項や、アレルギーの有無などについてのアンケート、サロン側の免責についてまとめたもの。お客さまにサインしてもらうことで承諾書、同意書と呼ぶことも多い。

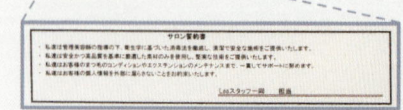

安全で高い技術の提供を誓うとともに、個人情報を扱うことへの配慮から、担当者のサイン欄も（EYELASH SALON Lea）。

第2章 夢を具体化するためのスタートアップ

あなただけのサロンをつくろう!

いくらサロンをはじめたい! という思いが強くても、
その前に知っておくべきことがあります。
なかでも、人気サロンがどんな施術をしたり、
お店づくりをしているかは押さえておきたいところ。
ほかにも業界トレンドや
技術&資格取得のための方法など、
オーナーになるための知識を蓄え、
しっかりと計画を進めましょう。

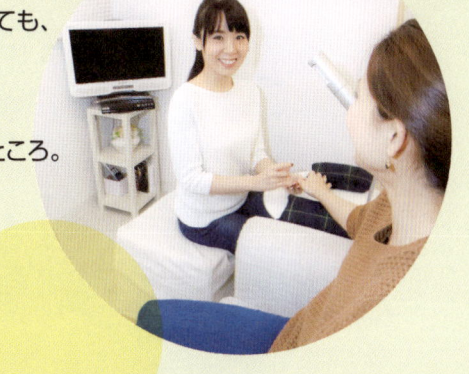

業界トレンド 01

近年のネイル業界の動きを知ってサロンづくりに生かそう

ネイルサロンを日常的に利用する消費者は着実に増加しているが、それにともなって競争激化によるサービス価格の低下も起きている。

ネイルの市場規模を知っておこう

まずは近年のネイル業界全体の売り上げを見てみましょう。2010年には国内産業全体が景気後退から立ち直りを見せましたが、東日本大震災や原発事故のあった11年には多くの消費者がレジャーを控えるなどの自粛ムードが続くなか、ネイル市場の成長は鈍ることになりました。

しかし、ネイルを楽しむ消費者は確実に増加してきています。11年は前年比で2・5ポイント増の208 5億円、12年には前年比3・9ポイント増の2165億円にまで達する見込みとなっています（NPO法人日本ネイリスト協会調べ）。

ネイルサービスを行うお店（ネイルサロン以外も含む）も、11年には1万9500店と増加し、ジェルネイルを中心として確実に消費者に浸透しているようです。自宅などで消費者自身が行うセルフネイルやホームネイルを楽しむことも一般化してきています。

今後は、まだネイルサービスを受けた経験がない女性、高齢の女性や男性など、これまでネイルに馴染みのない層を取り込んでいくことも見込まれます。

こうした動きが進めば、いま以上に市場規模は拡大されるでしょう。

～ネイルの基礎知識～

おもなネイルサービスを覚えておこう①

カラーリング
爪の表面にベースコートを塗って、好きな色に仕上げるもの。二枚爪を保護するなど、ケア目的でも行われる。このほかに、スカルプチュアネイルに色を塗る場合も、カラーリングということがある。

ネイルアート
グラデーションやマーブル模様などのネイルデザインが主流。そのほかにフレンチネイル、ラメ、ホログラム、3D、和風、ペイントなどがある。また、最近では派手なアートが若い女性に人気。

第2章　あなただけのサロンをつくろう！

ネイルの資格取得で技能をアピール

ネイルサロンへの就職希望者も増えています。日本ネイリスト協会のネイリスト技能検定試験（JNEC主催）は1〜3級に分かれ、3級は基礎と技術のみの初心者向けレベルで、受験者数も年々増えています。プロをめざしたり、ネイルサロンの開業をめざすなら、ぜひ1級か2級は取得しておきたいところです。ネイリストになるのに資格は絶対条件ではありませんが、取得しておけば就職や転職の際にもアピールできます。

ネイルサロンでも求人条件として最低でも「2級以上の資格」を必須とするサロンも多いのが現状になっています。ネイルに関わる職業につくのであれば、最低でも2級資格取得をめざしましょう。

幅広くなっているネイルアートの現状

ネイルサロンは高い技術をもつプロが爪にアートを施してくれるお店です。昨今は斬新なデザインの人工爪やアートも流行していて、若い女性の日常的なおしゃれとして、ネイルサロンは人気を拡大しています。

ネイルサロンは美容院やエステサロンなどと同じように、お客さまにネイルケア（削り、整え、甘皮処理の方法など）をアドバイスしたり、爪の悩みやトラブルなどの相談に乗ったりもします。ハンドやフットマッサージを行うお店もあります。

ネイルアートはネイリスト自身の技量によって大きく変わる専門分野です。ブライダル、カジュアル、フォーマル向けなどのほかにも、ワンタッチやクイックのシールやマニュアだけでなく、付け爪に小さなチップをグルーで着ける技術も人気があります。

バイオジェル、カルジェルなどの透明な塗装も流行しています。クリスマスやお正月など、季節のテーマ

〜ネイルの基礎知識〜

おもなネイルサービスを覚えておこう②

スカルプチュアネイル

専用のパウダーとリキッドを使って、爪を延長する要領で長さ、形をつくるもの。爪にピッタリとフィットし、簡単に取れないのが特徴。クリアなものをはじめ、色が豊富でラメ素材もあるので、希望のデザインがある場合に最適。仕上がりは丈夫だが、浮いてくると隙間に入った水分でカビが発生することも。サロンでは2〜3週間ごとのケアが必要。

ジェルネイル

爪またはスカルプチュアに使用する紫外線で固まる合成樹脂でつくるネイル。きつい匂いがなく、落ちにくいうえに爪への負担も軽いのが特徴。透明感と輝きが保て、色も豊富にある。紫外線ライトで固めるため、施術時間は20分程度と短縮できる。

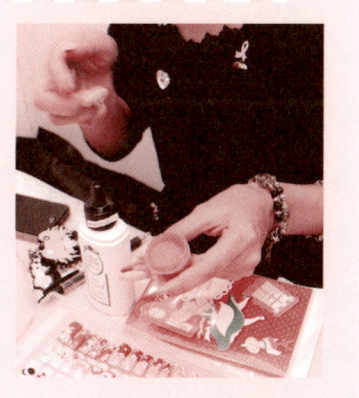

広がるネイリストの活躍の場

ネイルアートに注目が集まっている近年では、ネイルサロンはもちろん、ヘアサロンやエステサロン、ブライダルサロンなど、需要の高まりとともにその活躍の場は大きく広がっています。

ネイリストは個人での独立開業やアーティストとして活動する道も開かれており、人気の高まっている職業ともいえるでしょう。

一般のお客さまだけでなく、ブライダルやショーなど、特別な舞台での活躍の場も増えつつあります。

ネイリストになるにはそれぞれの職場できちんと経験を積み、確かなテクニックとお客さまを獲得すること

によってデザインを変えるのもおしゃれです。フレンチ系、ヒップホップ系のスカルプ、アニメのキャラクターをデザインしたものなどにも人気があります。

とが必要です。ネイルサロンだけでなく、エステやマッサージなどを取り入れたトータルビューティーサロンの人気が高まっているので、それらの技術も同時にマスターしておき、活躍の分野を広げる人も少なくありません。

競争の激化で価格競争も

ネイルサロン業界の最近の動きとしては、価格破壊があげられます。価格破壊が起こった背景には、独立して自分のサロンをもつネイリストが増えたことが原因の一つになっています。

既存のネイルサロンでの勤務経験をしっかり積まないうちに、明確な将来のビジョンも立てないまま、何となく開業してしまうケースが多いからなのです。

施術料やサービス料の決め方がよくわからずに、ただ何となく価格設定していたり、お客さまにたくさん

〜ネイルの基礎知識〜

おもなネイルサービスを覚えておこう③

カルジェル
爪を削る作業を最小限にとどめることで、爪に与えるダメージを低減するネイル。匂いが少なく、浮きにくいのでカビの心配もない。サロンで必要な手入れは3〜4週間ごとと長持ちし、ジェルも薄くて柔軟性があるため折れにくいのが特徴。

バイオジェル
爪を削る作業をほとんど必要としないため、サロンのメニューのなかではもっとも爪に優しいといわれている。匂いがなく爪としっかりフィットするので浮かないことから、カビの心配もない。薄くて柔軟性が高いため、折れにくく、自然な質感が特徴。サロンでの手入れは必要ないうえ、長持ちするので経済的。

第2章　あなただけのサロンをつくろう！

サロンで経験を積んで経営センスを学ぶ

ネイリストとして独立するには、資金や技術力、デザインセンスなどが必須ですが、忘れてはいけないのがサロンを経営していくだけの能力があるか。そして、それを支える豊富な経験があるかどうかです。

高い技術があるからといって、お客さまが必ず来てくれるとは限りません。材料費や光熱費なども考慮に入れつつ、いくらくらいの価格までなら適性かを見極める経営センスが欠かせません。

専門技術をもつプロがお店をはじめようとすると、つい経営という面を忘れがちです。たとえば美容室の場合は、格安料金のフランチャイズチェーン店以外は店舗間の価格差はそれほどありません。これは美容師がいったんは美容室に就職して経験を積んで、経営のノウハウも身につけてから独立しているからです。

ネイルサロンで十分な経験を積まないうちに独立開業してしまうと、きちんとした経営力を身につけることはできません。

仮に安さを売りにして当初はお客さまが多かったとしても、どんなに働いても儲けがないということになり、いずれ売り上げが伸びずにサロンを閉めなければならなくなります。

自分自身の経営スキルを身につけるためにも、これは！と思ったネイルサロンで働いてみることが大切になってきます。

〜ネイルの基礎知識〜

おもなネイルサービスを覚えておこう④

オーダーチップ
爪の大きさに合わせて両面テープで爪に貼り付けるだけのネイルチップのこと。手軽さと、複雑なデザインや3Dアートなど、時間のかかるデザインでも完成してから取りに行けばいいのでサロンでの待ち時間、施術時間が節約できることで人気。両面テープでつけるため、はがれやすいので注意が必要。

ワンタッチネイル
一部のサロンでしか扱っていないが、ネイルチップのように爪につけるタイプのネイルで、チップのように両面テープを貼る必要がなく、爪に乗せて上から押さえるだけで貼ることができる。はがすときも特殊な道具やリムーバーが必要なく、専用の粘着剤を使えば何度でも繰り返し使用できる。とても便利な反面、水に弱いのが欠点。

業界トレンド 02

これからの成長が見込まれるアイリスト業界のトレンドは？

アイラッシュやまつ毛エクステの流行で、サロン数も急増傾向にあるが、安全な施術を提供する、高い技術力が求められている。

成長が見込まれるアイリストの業界

ネイルサロンは安定した人気がありますが、お店が増え過ぎて飽和状態にあり、豊富なキャリアがないと就職することも難しくなっています。その点、アイラッシュサロンはネイルサロンよりも新しい業界です。ネイリストほど資格をもっている人が多くないため、まつ毛エクステンションの資格取得者は優遇される傾向にあるようです。

ただし、お客さまのデリケートな部分に触れる仕事なので、思わぬ危害を与えないとも限りません。つけまつ毛より自然に仕上がるからと人気がありますが、近年は店舗数が急増するとともに施術水準の低いお店も増えています。

これからアイリストとして責任をもってお店をはじめるのなら、知識と技術だけでなく、しっかりと現場経験を積むことが大切になります。

美容師資格の取得と専門知識、技術の吸収を

アイリストの資格は、美容専門学校に通っている学生や、元美容師、美容師免許を取得したけれど別の道に進んだ人などには、この資格を併せて取得することで、自分自身の可能性を広げることができるでしょう。

一般に過酷とされる美容師の仕事が合わないという人にもオススメ。手あれや就業後のレッスンなどもほとんどありません。

アイリストをめざすなら、まず専門学校で美容師免許を取得し、その後にアイリストとしての専門知識、技術を学ぶとよいでしょう。学歴よりも接客に対する資質、即戦力となるスキルがある人材が優遇される傾向にあります。

スクールで専門の知識・技術を習得して、アイリストの資格を取得すれば、一定レベルのスキルをもっていることの証明となり、就職や転職にもとても有利です。

〜まつ毛施術の基礎知識〜

おもな施術を覚えておこう①

アイラッシュ

専用のグルー（接着剤）で地肌から1〜2mm程度の間隔をあけて地まつ毛に人工まつ毛を装着する施術。つけまつ毛やマスカラよりも自然な仕上がりで、つけていることを感じさせない。さらに、つけまつ毛のようにつけたり外したりする必要がないので、メイクの時間短縮にも便利。サロンでの手入れは平均して2週間〜1カ月程度。

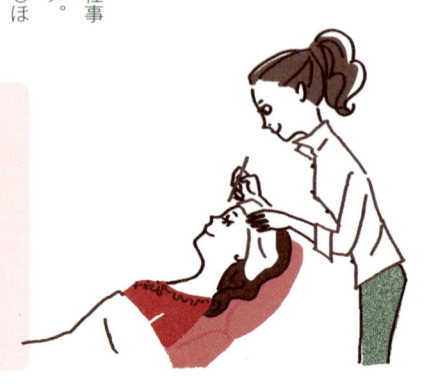

第2章 あなただけのサロンをつくろう！

アイラッシュ・まつ毛エクステの業界トレンド

昨今マスカラは濃く、長くといったトレンドにありますが、自分のまつ毛1本1本に人口まつ毛をつけていくアイラッシュなら簡単にボリュームのある目元を演出できると、最近では利用する人が増えています。

まるで本物のまつ毛のように細くて繊細なものもあり、マスカラをつけるよりかえって自然に見えるものも。目尻や中央だけにポイントでつけられるタイプなど、より自然な形で使えるものも流行しています。

また、アイラッシュよりももっと簡単にメイクを持続できるので、まつ毛エクステをする人も増えてきました。

まつ毛エクステは、地まつ毛に接着剤を使って、束になった人工毛を足していく方法が主流ですが、この方法だとメイクを落とした後でもキレイな目元を保てることが最大の魅力です。

施術の際のトラブルに注意！

前述したように、まつ毛エクステの施術には数多くのトラブルも発生しがちです。

施術を受けてすぐに目が充血した、接着剤が目に入り角膜炎になった、まぶたが傷んでまつ毛の半分が損傷を受けた、などです。デリケートな目の周りに接着剤が付着した場合などに起きているようですが、これからのアイラッシュサロンにも高い技術力が必要です。

一人前のアイリストとして独立するまでには、一般に数年間の店舗勤務の経験が必要といわれています。経験と実力を身につけ、開業資金、顧客などの基盤をしっかり固めておくことが大事です。

独立に必要な経営知識をサポートしてくれるサロンで技術と経験を磨いてその後、独立するというケースもあります。

~まつ毛施術の基礎知識~

おもな施術を覚えておこう②

アイブロウトリートメント

顔立ちや骨格に合わせたステンシルを選び、専用のワックスを用いてお客さまに適した眉をつくる施術。サロンでの手入れは、だいたい1カ月に一度くらいのペース。個人差があるが、3~5回くらいの施術でキレイな眉のラインが整う。

まつ毛トリートメント

エクステなどでまつ毛にかけた負荷を取り除くために行う。汚れや毛穴に残ったメイクを落として育毛を助けたり、美容液を塗布することで毛根を活性化させる施術。軽いダメージや痛み予防のための保護を目的とするものもある。

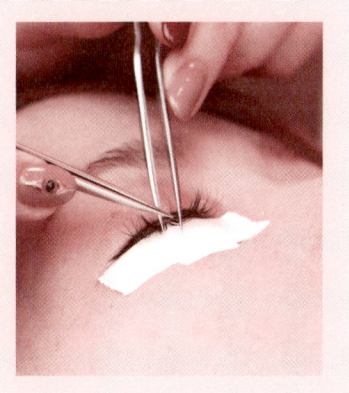

人気サロンの傾向

愛されるサロンになるための4つのキーワードを参考にしよう

人気サロンになるためには、何か必ず理由があるはず。お客さまの心をとらえるポイントがどこにあるのかを考えてみよう。

キーワード①「同時施術」
お客さまへの効果：時間短縮

ハンド、フットの同時施術、まつ毛エクステとネイルの同時施術など、一度に複数のスタッフが一人のお客さまの対応をするサロンが人気です。

また、ヘアサロンにネイルサロンを併設するケースも、施術に時間がかかるヘアスタイリングとネイルを同時進行できるので大幅な時間短縮になるので、忙しい女性に大人気です。

そのほかにも、ネイル&ケア、エステ、ブライダルヘアメイク、着付けなどを取り入れ、トータルで美しくなるためのお手伝いをするサロンも増えています。それぞれ専属のスタッフが担当。楽しくおしゃべりしながらお客さま好みのネイルを提案してくれます。

ブライダルやパーティー、普段づかいなど、さまざまな場面でのトータルコーディネイトが可能で、お客さまに喜ばれています。

キーワード②「新しいデザイン」
お客さまへの効果：特別感

デザイン見本にあるネイルには飽き足らず、最近は和テイストや「痛ネイル」と呼ばれるアートを希望するお客さまもいます。他店ではやっていないようなデザインを得意にしておくことも大切です。

自分で考えたデザインでネイルをつくったら、ネイルデザイン投稿サイトで反応を見るのもいい手です。

芸能人やモデルのネイルをマネしたいという若い女性も多いので、つねに関連する情報を収集するようにしたいところです。

ネイルのデザインや色の組み合わせ、使う素材などは、ファッションコーディネイトを参考にすることも多いので、最新のトレンドファッションなどんなテイストか、メイクやヘアスタイルなどの流行を一緒に押さえておくことも大切です。

タッフが担当。楽しくおしゃべりしながらお客さま好みのネイルを提案してくれます。

しいお客さまをキャッチできるかもしれません。

▼ネイルデザイン投稿サイト

デザインの人気ランキングが毎日更新される「ネイルクルー」(http://nlcl.jp/) や、ネイルに関する情報なども役立つ「ジェルネイルマニア」(http://jelnail.com/nailart/)、自分のプロフィールを充実させられる「ネイルブック」(http://nailbook.jp/) など、さまざまなサイトがあるので、検索してみよう。

第2章　あなただけのサロンをつくろう！

キーワード③ 「隠れ家的」お客さまへの効果‥癒し

ネイルサービスを受けにくるお客さまはお店に心を癒されに来ているという部分も多いようです。看板の出ていない完全予約制のプライベート空間や、照明を下げて落ち着いた雰囲気のサロンなどの「隠れ家的」なお店が人気なのは、そこで癒されている感覚を味わえるからでしょう。

内装やインテリア、BGMも大事な癒し効果の一つです。人気のカフェや雑貨屋をヒントに内装を手づくりするなど、どこかに癒し要素を少しだけ追加することで、お客さまに心から癒されてお帰りいただくこともできるはずです。

お客さまにとっては、いくらかかるかという不安は解消され、さまざまなアートが体験できるというメリットがあります。ジェルオフ込みのことも多く、追加料金がかからないというのも魅力。

あらかじめ決められたデザインですが、毎月同じ料金でネイルが楽しめるので、デザインを豊富に用意すると、さらに喜ばれるでしょう。

キーワード④ 「定額制」お客さまへの効果‥わかりやすさ

最近は定額制のネイルサロンが増え、どんな色でも種類でも同じ料金で施術してくれるようになりました。

人気サロンの4つのキーワード

同時施術	新しいデザイン	隠れ家的	定額制
↓	↓	↓	↓
お客さまへの効果	お客さまへの効果	お客さまへの効果	お客さまへの効果
時間短縮	特別感	癒し	わかりやすさ

✿ Column　定額制はデメリットもしっかり考慮しよう

お客さまにメリットのある定額制。サロン側から考えてみると、料金設定を4000円や5000円などにした場合、1カ月に施術できる人数は限られているので、頑張った割に売り上げが上がらないというデメリットになることも。

さらに、最新アートでも料金が同じなので単価アップが望めず、凝ったデザインでも追加料金をいただくことはしづらいもの。自然と定額料金以外のお金は払いたくないという感覚のお客さまが集まるように。

ターゲットとするお客さまに、それが満足してもらえるかどうか、メリットとデメリットを考え併せることが大切だ。

市場調査

競合店をリサーチして参考になることを見つけよう

お店づくりをする際、よく行われるのが「競合店調査」という市場調査の一種。サロンを出したいエリアにある人気店から何かヒントが見えてくるはず。

気になるサロンの競合店調査をしよう

競合店調査とは、同じ商圏内（およそ5キロ圏内）にあるお店に足を運び、観察・分析する市場調査の方法の一つ。たとえば、どんな施術メニューを提供するか、どのようなサービスが一番人気か、またどんなお客さまが、どのくらいの頻度で来ているのかといったこと。さらに、どんな立地条件にあって、内装やインテリアには何を使っているか、施術コーナーの広さやウェイティングコーナーの雰囲気など、さまざまな側面を目にすることで、そのお店が人気を得ている理由を調査・分析します。

注目すべきチェックポイントは？

競合店調査をする際、まず開業しようとする立地を絞り込んだうえで、すでにある人気サロンとその商品についてリサーチすべき点としては、

・商圏内に何店のサロンがあるかも大切。お客さま目線に立って観察してみると、「もっとこうすればいいのに」という点が見えてくるはず。

・路面店、マンション、大型ショッピングセンター内、自宅サロンなどの、どういった店舗形態をとっているか

・どのような施術メニュー形態をとっているか。価格帯はどうなのか

・ターゲットとしている客層は？

などです。実際に客となって施術のスキルや会話力を確かめたいところですが、すべての競合サロンに行くことは無理でも、インターネットやチラシなどでできる限りデータを集めましょう。

そのサロンのよい点ばかりでなく、改善すべき点はどこかを考えることも大切。お客さま目線に立って観察してみると、「もっとこうすればいいのに」という点が見えてくるはず。

一からまったく新しいお店をつくることは難しいかもしれませんが、既存のお店を参考にして、自分ならではのアレンジを加えることで個性を発揮することは、比較的容易になります。

▼メモをつくっておこう

気づいたことはお店ごとに簡潔な文章にまとめておこう。いくつかのサロンを観察した結果を比較検討することで、自分が開きたいサロン像が、より具体的に浮かび上がってくることも。

第2章 あなただけのサロンをつくろう！

競合店のリサーチポイント

サロンデータ

- ☐ ターゲットとなるお客さまはかぶっていないか？
- ☐ サロン名は魅力的か？参考になるか？
- ☐ 経営者は個人か？バックボーンに大手がいるか？
- ☐ その立地に人が集まる曜日・時間は？（営業時間と定休日から推測する）

顧客データ

- ☐ 来店するお客さまの年齢・性別・タイプは？
- ☐ 来店するお客さまは、ほかの商圏エリアから来ているかどうか？
- ☐ お客さまのオーダーの傾向は？
- ☐ お客さまの回転は速いかどうか？

店舗デザイン

- ☐ 外装・入り口などの店がまえは？
- ☐ インテリアと空間のバランスは？
- ☐ 内装・照明・什器などの設備は？

施術メニュー構成

- ☐ 施術メニューの内容は？
- ☐ 人気の施術メニュー、店販品は何か？
- ☐ 料金はエリア相場と比べて高いか安いか？

どうやって開業する？

一人でも、自宅でもできるプライベートサロンを知ろう

オーナー兼ネイリスト、アイリストとして一人でこなすのか、スタッフを雇うのか、また自宅なのか、別の場所にサロンを借りるのかによっても開業スタイルは変わってくる。

一人だけで、または少人数のスタッフを雇って開業する

自分一人でサロンを経営する、自分はオーナーの立場でお店の経営は誰かに任せる、自分と少人数のスタッフで運営するなど、サロンのはじめ方はさまざまです。

実際に、いろいろなサロンを見ておくと、いいところと悪いところがわかります。あなたの考えるサロン像を具体的に思い描くためにも知っておきたいところです。

たとえば、あなた自身がオーナー兼ネイリスト、アイリストになるケースも、施術メニューやサロンのレイアウト、インテリアなど、自分の思い通りのお店づくりができますが、すべての判断を一人で下さなければならないプレッシャーもあります。

スタッフを雇わない場合は、人件費を抑えられるので少ない資金でもやっていけますが、1日の集客数は限られるのがデメリットです。

またスタッフを雇う場合は、人件費が必要になるとともに、技術や接客レベルについての見極めが大切です。スタッフの出入りが多いサロンでは、お客さまの印象も悪くなります。

信頼できるスタッフを集めることも、あなた自身の手腕にかかっているのです。

一人のサロン開業は自宅を活用する手も

開業する場所も、マンションやテナント物件のほかに、自宅を使うケースがあります。新たに物件取得や家賃が発生しないので、開業資金が大幅に抑えられ、持ち家では内装も自由に変えられます。

注意点は、お客さまに生活感を感じさせないこと。家族がいるならお客さまとの接触を避け、玄関やトイレなどの共有部分も清潔に。とくにクレンリネスに留意しましょう。

車を利用するお客さまをお迎える場合は、駐車場を完備するなど、周辺住民への配慮も必要になります。

▼居住用マンション物件

居住用マンションをサロンとして借りる場合、営業可能かどうかは管理組合の規約によって定められているので、不動産会社に事前確認することが重要。また、営業できても看板などを出せないのが一般的。隠れ家的な演出ができる一方、個室で1対1のサービスとなるので、セキュリティ対策も万全にしよう。

90

開業場所によって工夫も必要

自宅

Peite Luxe

サロン併設を計画して自宅を設計。お客さま用トイレを別にするなど生活感を感じさせないサロン空間を実現したが、玄関はお客さまとの共用なので、やはり家族の協力は必要。

Nail! Nail! Nail!

生活空間のなかで施術を行う場合は、キッチンなど水周りを上手に隠すテクニックを使いたい。圧迫感を与えないカーテンや、好みのファブリックなどで簡単に間を仕切ることができる。

居住用マンション

Private nail salon Lunar

壁によって各部屋が区切られているので、引き戸は取り外してカーテンなどで間仕切り、空間を広く見せる工夫を。ドアのついている部屋はサブルームとして独立させるのも手。

テナント

Attract Omotesando

内装が何もないスケルトン状態の物件なら、一から思いどおりのサロン空間をつくることができる。いくつかのブースに区切って、同時に複数のお客さまへの対応を可能にすることも。

「MonicaNail」がスペースを借りているヘアサロン「37avenue」は幅広い年齢層のお客さまが多く、ネイルも注目されている。

✽ Column 既存サロンのスペースを借りる手も

ネイルサロンの場合、ヘアサロンやエステサロンの一角を借りるというケースもある。「モニカネイル」（60ページ）のように独立前にお世話になった先生などの紹介があれば理想的だが、交渉次第では理解あるヘアサロンを見つけることもできる。

通常はスペース使用料や、月々の売り上げの一部を支払う契約もあるが、テナントを借りるよりも安上がり。またスペースを借りているヘアサロンのお客さまとの相乗効果が期待できるのも大きなメリットだ。

スクールで学ぶ&実地で覚える

技術を習得したら、サロンワークで
プロ意識を身につけることが大事

スクールで技術を習得することも大事だが、接客対応はサロンで学ぶことが多い。
すぐれたネイリスト、アイリストになるために必要なスキルを身につけよう。

スクールで技術を取得し腕に自信をもとう

ネイルの技術を学ぶために通信講座を受講する人もいます。これからサロンをはじめようとする人にとって安く学べるのはメリットですが、疑問にすぐに答えてくれませんし、他人の爪を見なければ、個々人の癖に合わせた施術を身につけることはできません。

やはり近くにスクールがあるなら、実践的な技術を学べるところに通うほうがサロン開業への近道です。

スクールでは、先生からの指導を直接受けることができるうえに、開業後の相談相手として信頼関係を築くことも可能です。また、同じ夢をもつ仲間との出会いをきっかけに、情報交換や研修会を開いたりすることも。

このような経験は、通信教育ではなかなか得られない貴重な財産となります。まずは事前に複数校の資料を取り寄せ、自分に合ったスクールを選ぶことが大切です。

これだと思ったスクールがサロンを経営していれば、そのサロンへ客として行ってみるのも手。施術やスタッフの対応をみずから体験することで、スクールの質がわかり、自分が習得したい施術かどうかも確認できます。

サロンワークでプロ意識を身につけよう

スクールで学んだ技術は、実際のサロンワークで使ってはじめて本当に自分のものにできます。サロンに勤め、たくさんのお客さまを相手に、経験を積むことが重要です。

とくにアイラッシュの施術においては、お客さまの身体に害を及ぼす可能性もあり、その責任は重大です。接客対応についても、サロンの売上げに直接つながります。お客さまが本当に満足してくれるか、また再来店してくれるかどうかに責任をもってはじめてプロ意識が生まれるものなのです。

▼ 体験講座に参加

スクールのなかには1日で完結する体験教室を開催しているこ ともあるので、実際の雰囲気を知るのに手っとり早い方法の一つ。また、スクールの在校生や卒業生に直接話を聞いてみよう。ホームページやパンフレットには載っていない、生の声を聞くことができる。卒業生が開業したサロンに行ってみるのもグッド。

92

第2章　あなただけのサロンをつくろう！

スクール選びのポイントはココ！

スクールの種類

一般に認定校の場合は、カリキュラムやアフターフォローなどがしっかりしていることが多い。また、サロン直営のスクールや個人サロンは施術や雰囲気を確かめて受講できるので安心という側面がある。

※認定校…独自のスタイルや資格制度をもち、各分野の研究や普及活動を行っている協会・団体が指導を行っているスクールのこと。

気になるポイントは…

- 必要な資格は取得できる？
- 卒業後のフォロー体制、開業時にアシストがある？
- 高い技術が身につく？
- 受講や通学のしやすさは？

スクールの内容は？

期間

1日2時間程度の単発のセミナーから2週間程度の集中講座、数カ月〜長くて2年にわたるコースまでさまざま。自分に合った期間、時間帯に学べること。

受講料

受講料は約20万円〜約120万円と幅広い。受講料に対して学べる内容は見合っているか？　高くても納得の授業であればOK。安くても講座内容が充実していなければNGだ。

コース

レベル別に設定しているところが多いが、開業できるレベルのコースやプロを養成するコースがあること。少人数制で、実践的に教えてくれるところが望ましい。

技術

教えてもらう講師にサロンでの実績があるなど、確かな知識と技術をもっていること。現役のプロのほうが最新の流行についても学びとることができる。

【通信講座の一例】
- ●ヒューマンアカデミー通信講座
「たのまな」ネイリスト・ジェルネイル検定トータルコースなど
URL　http://www.tanomana.com/
- ●がくぶん
「松下美智子のネイルアーティスト養成講座　プロフェッショナル総合コース」など
URL　http://www.gakubun.co.jp/lecture/c23.html
- ●ジャパンアイリストカレッジ
「プロアイリスト養育コース」など
URL　http://www.jeyelistc.jp/
- ●COCOBU
「サロン開業コース」など
URL　http://cocobu.jp/

✿ Column　通信講座はここをチェックしよう

気に入ったスクールが近くになかったり、仕事や子育てをしながら技術を習得したい場合は、自分のスケジュールで学べる通信講座が便利だろう。

通信講座を選ぶポイントは、実際に実技指導を受けられるスクーリングが整っているか・作品は何度でも添削してくれるか・メールや電話で疑問に答えてくれる体制があるか・受講期間の延長が可能かという点。モチベーションを維持して自己管理できれば、通信講座でも十分にプロをめざすことができる。

資格＆検定試験

必要な資格＆取得しておきたい検定について知っておこう！

ネイリストになるには資格は必要ないが検定試験には合格しておきたいところ。アイリストの場合は、国家資格である美容師資格が必要になる。

ネイリストは民間資格を取得

美容の分野において国家資格といえば美容師資格と理容師資格です。ヘアスタイリストの世界では、この国家資格なしで働けば法律違反になってしまいますが、ネイルサロン業界では、資格は必要ありません。

しかし、施術は直接肌に触れるので、お客さまからすると保健衛生の基礎知識くらいはもっていてほしいところです。

そこで、施術に必要な技術や知識を学んだことをアピールできる、さまざまな業界団体や民間企業が認定している「民間資格」を取得しよう
とする人が大半を占めます。

ネイルサロンのスタッフ採用時も「ネイリスト◯級取得者」という条件を挙げるケースが多く、資格をもっていることがネイリストの最低基準になっています。

また、資格を取得した協会や団体に所属することで、バックアップ体制を得られるというメリットもあります。協会・団体によって内容は異なりますが、開業後の備品の仕入れ、業界の最新情報の入手、技術向上のための講習会、店舗賠償責任保険の自動加入など、サロンを続けていくためのフォローが受けられ、独立後の大きな助けになります。

アイリストには美容師資格が不可欠

アイラッシュサロンを開業するには美容師資格が必要です。この免許がなければ違法になってしまいます。万が一、お客さまの目に何か異常が起きてしまったとしても、保険も利かないことに。

日本アイリスト協会が認定している「アイリスト検定試験」などの認定資格もありますが、まずは美容師免許を取得しなければいけません。そのうえで民間資格を取得することは、サロンの信頼感をグレードアップさせるオプションと考えましょう。

▼美容師資格

美容師資格は実技だけでなく、衛生管理・美容保険・美容物理、化学などの学科試験もあるので、取得していない人に比べて有利。またアイリストのなかにも民間の認定試験のネイリスト技能検定試験を受ける人が多い。

第2章　あなただけのサロンをつくろう！

おもな民間資格の検定試験

ネイリスト技能検定

たしかな技術と知識の向上を目的とした検定試験。1級〜3級まであり、1級はとくに高いレベルの実力が必要。就職の際は2級まで取得しているほうがベター

- **受験料**
  - 1級：10,000円
  - 2級：8,000円
  - 3級：6,000円
- **受験資格**
  - 1級：ネイリスト技能検定試験2級取得者
  - 2級：ネイリスト技能検定試験3級取得者
  - 3級：義務教育を修了していれば誰でも受験可
- **実施団体**
  - 公益財団法人　日本ネイリスト検定試験センター
  - http://www.nail-kentei.or.jp/

JNAジェルネイル技能検定

ジェルネイルの施術を行うために必要な理論と技術の習得、また健全なジェルネイルの普及を目的とした検定試験。初級〜上級まである

- **受験料**
  - 上級：15,750円
  - 中級：12,600円
  - 初級：9,450円
- **受験資格**
  - 上級：JNAジェルネイル技能検定試験（中級）合格者。
  - 中級：JNAジェルネイル技能検定試験（初級）合格者
  - 初級：義務教育を修了していれば誰でも受験可
- **実施団体**
  - NPO法人　日本ネイリスト協会
  - http://www.nail.or.jp/

ネイルスペシャリスト技能検定

学生や初心者を対象にしたA級とSA級、プロを対象にしたPA/AA/AAA級の2つがある

- **受験料**
  - A級：10,500円（学科試験・実技試験を受験する場合）
  - 　　　7,350円（学科試験・実技試験のどちらか一方のみを受験する場合）
  - SA級：12,600円（学科試験・実技試験を受験する場合）
  - 　　　9,450円（学科試験・実技試験のどちらか一方のみを受験する場合）
  - PA/AA/AAA級：15,750円（学科試験・実技試験を受験する場合）
  - 　　　12,600円（学科試験・実技試験のどちらか一方のみを受験する場合）
- **受験資格**
  - 条件はなし。合格科目によって、学科・実技のどちらかが免除される場合がある
- **実施団体**
  - NPO法人インターナショナルネイルアソシエーション
  - http://i-nail-a.org/

アイリスト検定

国際的に通用するアイリストの育成をめざす当協会が主催する正しい技術と知識の向上を目的とした実践に役立つ検定試験

- **受験料**
  - 2級（一般の方）：20,000円　　1級（会員）：20,000円
  - 2級（会員）：16,000円　　3級（会員）：12,000円
- **受験資格**
  - 1級：2級合格者
- **実施団体**
  - 財団法人日本アイリスト協会
  - http://www.eyelist.or.jp/

アイデザイナー技能検定

アイデザイナーの正しい技術と知識の向上を目的とした、実践に役立つ試験

- **受験料**
  - ジュニアアイデザイナー：8,000円
  - アイデザイナー：15,000円
  - トップアイデザイナー：20,000円
- **受験資格**
  - ジュニアアイデザイナー：条件はなし
  - アイデザイナー：ジュニアアイデザイナー取得者で、BST衛生管理士資格の取得者
  - トップアイデザイナー：アイデザイナー取得者で、JLA正会員（申し込み時）
- **実施団体**
  - 社団法人日本まつげエクステンション協会
  - http://www.jla-matuge.com/

※受験内容は予告なく変更になることがあります。詳細については、各実施団体に確認してください。

✤ Column　資格取得に対する学ぶ姿勢も大切に

ネイリストに資格は必要ないとはいっても、とくに個人サロンでは資格を取得しておくと有利なことはたしか。

資格があるとないとでは、周囲の認識が変わってくることも。信頼のある機関で、しっかり学んだ知識と技術をもっているという安心感をお客さまに与えることができる。

また、技能検定試験のために集中して学んでおけば、基本的なネイルケアから爪の構造やトラブル対策などの知識が身につく。サロン開業をめざしている人を対象に、とくに実技をフォローしているスクールや通信講座も。自分のペースに合う方法でスキルアップを図ろう。

実践的アドバイス①

施術にかかる時間をシミュレーションしてみよう

施術にかかる時間は、お客さまの爪の状態やアートの内容などによっても左右されます。ここでは一般的なジェルネイルを例にとってみましょう。

一般的なジェルネイルの施術時間
~はじめてのお客さまの場合~

約150分

約30分 ケア
アートのための下準備を

オフをする場合はマシーンを使って前回のジェルを削る。その後、爪の表面を整えたり、簡単な甘皮処理や、爪をカットするなどの下準備をしておく。

Nail! Nail! Nail!

POINT
ジェルネイル、スカルプチュアネイルの場合、お客さまの爪を削るなどの加工を行うため、用意した書面に承諾のサインをもらう。

約20分 カウンセリング
お客さまの爪を観察しデザインを提案

お客さまの爪の状態を確認したり、悩みを聞いたりしながら、どんなネイルを希望しているのかを確認。最新のアートチップや写真を見ながら、お客さまに似合ったデザインを提案。施術の内容と目安となる時間、料金などを提示する。

Nail Salon LAURE'A

POINT
お客さまがイメージしていたデザインと違う料金などのメニューに変更する場合は、了解を得ておくこと。

約5分 お客さま来店

「いらっしゃいませ」

施術ルームへご案内

「ウェルカムドリンクでおもてなし」

Nail Salon LAURE'A

施術内容の違いによる時間の目安を知っておこう

サロンメニューなどに書かれている施術時間には、その前後のカウンセリング時間などが含まれていないことも。お客さまが来店し、施術を終えて帰るまでのトータル時間を知っておくことで、1日に何人まで予約を受けられるかの目安にできるだろう。

ジェルネイル＋長さ出し	約180分
バイオジェル	約120分
バイオジェル＋長さ出し	約180分
フットケア、ケアカラー	約90分
フットジェル	約210分

※10本施術を行った場合の例。あくまでも平均的な施術時間なので目安として参考に。

トータル時間

約5分

お会計

施術にかかった料金明細を確認してもらい、お支払い。

約30分

アドバイス

ケア＆メンテナンスの方法を説明

ネイルの持ちをよくするため、お客さまが自分でできる簡単なケアやメンテナンス方法などをアドバイス。ご希望があれば、完成したネイルをカメラで撮影。

Petite Luxe

Private nail salon Lunar

感謝の心を表現しよう！

POINT

お化粧直しをするお客さまには化粧台やパウダールームをご案内。次回の来店希望日を聞き、早めの予約を。笑顔と感謝の気持ちでお見送りしよう。

約60分

アート

表面が整ったら、アートを施していく

①爪の表面が整ったら、余分な油分を除去し、ベースのクリアジェルを塗ってUVライトで硬化。その後、カラージェルでラインを引くなど、アートを施していく。
②ツヤと強度を出すためにトップジェルでコーティング。仕上げにオイルを塗って保湿をしたら完成。仕上げに、ハンドクリームでクイックマッサージ。

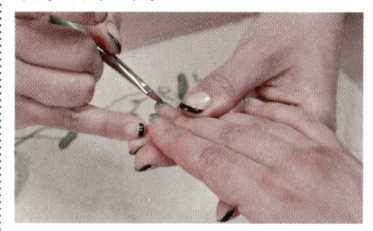

Petite Luxe

POINT

施術時間は、ワンカラー、ラメグラデーションなら60分程度。フレンチネイルなら90分くらいかかることも。複雑な3Dアートなどは本数に応じて臨機応変に。

大切な3つの要素

お客さまからの信頼を得るためには知識＆技術のほかにもコレが必要！

基本的な知識と技術があれば、サロンははじめられるかもしれないが、お客さまに満足してもらい、長く来店してもらうには3つの大切なことがある。

ネイリストやアイリストに必要なことって何？

ネイリストやアイリストの仕事といえば、ブライダルやパーティー向けの華やかな施術など派手なイメージをもつかもしれません。

しかし実際は、それ以外にも、折れた爪の修正や保護、人工爪づくりまた、まつ毛の癖を調べるなど、地味な仕事が少なくありません。

そこで求められることは、第一にケアとメンテナンスの知識です。ネイリストは手足のマッサージや角質除去、フットケアまで、覚えることは広範囲に及びます。アイリストは、まつ毛クリーニングからエクステ

を希望に合わせた適切なケアのアドバイスをするカウンセリングのスキルが求められます。

お客さまと長時間向き合って行う施術のため、心地よさを与える会話のテクニックも必要になります。

お客さまとうまくコミュニケーションを取りながら、お客さまの望みをくみ取り、その望みを実現するデザインを提案。加えて癒しのひと時を提供するのも仕事です。もちろん、お客さまと1対1で対応するので、礼儀作法やマナーも必要です。

第二に求められるのは、技術力とデザインの提案力です。多くのサロンが競合する現在、お客さまのイメージを形にするデザイン提案、ネイリストやアイリストとしての個性などが要求されます。ファッショントレンドや最新コスメ事情などの知識も必要でしょう。

お客さまの信頼を得るために大切なこと

第三にはコミュニケーション力です。お客さまの不安を取り除いたり、目元の悩みに応え、キレイに保つ手助けをしていくことで、お客さまの信頼を得ることができるのです。

黙々とつけていくなど、根気よく作業を続けることも重要な仕事です。

▼アフターケアも大事

長くよい状態を保つためには、普段の生活においてお客さまに注意してもらうこともある。施術後には、デイリーケアの方法などをわかりやすく説明することも大事な仕事だ。

第2章　あなただけのサロンをつくろう！

サロンオーナーが考えていること

Care & Maintenance

爪が小さいという悩みを見事に解決してくれたスカルプチュアに感動しました

Private nail salon Lunar
高橋さん

角質の除去やマッサージ、パラフィンパックなどのメニューを店内のPOPで案内。とくにフットケアにはドイツ製の専用マシンを使い、スタッフ全員に指導している。アイラッシュは安全性をモットーにリペアコースも充実。

Design

サンプルから選んでもらうなんて、結果がわかっている作業になると面白くないですね

nails.anthe
寺田さん

既成のジェルをそのまま使うことをせず、必ず混色して色合いを見る。デザインはお客さまのワガママを聞くこともあるが、雰囲気に合う色、アートなどを提案。細筆を使って手描きで仕上げるオーダーメイド感が人気の理由だ。

Communication

接客面でもプロとして、いい意味でお客さまとの距離感を大事にしています

Eyelash Salon nike
小久保さん

初回客には不安を取り除くようカウンセリングを重視。メニューを多くするよりもカウンセリングのなかで得た情報を基にデザインを提案。常連のお客さまをヒイキすることなく、初回客でも同じレベルの対応をしている。

Design & Communication

アイラッシュがはじめてのお客さまには、できる限り不安を取り除くことも大事です

Attract Omotesando
寺田さん

カウンセリングシートを使ってまつ毛の状態、アレルギーの有無などを細かく聞く。デザインはお客さまのライフスタイル、普段のマスカラの使い方などから好みをつかみ、目の形なども考えて、一番似合うスタイルを提案している。

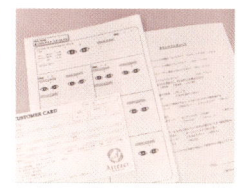

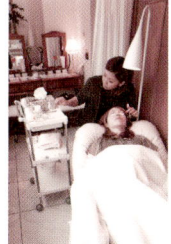

beauty column

おもてなしのために こんな資格も取っておきたい！

ハーブに関する資格検定には、ハーブティーの楽しみ方をはじめ、心やカラダをリフレッシュしたり、健康維持のための基礎知識を習得するものなどもあり、サロンでのおもてなしにも生かせそうです。

ハーブの知識をおもてなしに生かす

お客さまへのウェルカムドリンクとして、ハーブティーを出したり、施術後にティーサービスをするサロンが少なくありません。ハーブは香りとともに、カラダのなかからも癒してくれることから選ばれているようです。

その一つひとつに効果があるといわれているハーブ。たとえば、レモングラスやローズヒップは美容に、ミントはリフレッシュ、カモミールはリラックス、ペパーミントは花粉症にも効き目があるとか。

また、それらを組み合わせることで、さらに相乗効果をもたらすことが大きな魅力になります。お客さまの体調に合わせて茶葉をブレンドし提供することで、お客さまの満足度をアップさせることも可能でしょう。

とくにハーブに関しての資格を取得しておけば、ハーブティーを楽しむために知っておくべきことが身につくので、お客さまにも自信をもってオススメすることができます。

「Petite Luxe」のオーナー・山根さんは、日本メディカルハーブ協会（JAMHA）が認定するハーバルセラピストの資格を取得しています。この資格は、生活のなかで薬用効果のあるハーブの使い方や安全性など、ハーブについての幅広い基礎知識を習得するものです。山根さんは「ハーブティーの香りと色に魅了されて、ハーバルセラピストの勉強をしました」といいます。

サロンでティーサービスをするだけでなく、それぞれのハーブの特徴、おもな使い方、栄養素と有効成分、注意事項、ハーブティーの淹れ方、おいしく飲むためのコツなどの知識を身につけておけば、お客さまとの会話にも生かせるでしょう。

サロンで飲んだハーブティーを自宅でも飲みたいというお客さまの要望も少なくないようです。サロンで提供するメーカーと同じものを販売しているサロンもあります。

ハーブの資格が取れるおもな協会・団体と認定資格

●日本メディカルハーブ協会
http://www.medicalherb.or.jp/
メディカルハーブ検定
メディカルハーブコーディネーター
ハーバルセラピスト など

●日本ハーブ振興協会
http://www.npo-nha.jp/
PAH（Professional Adviser of Herb）
HFO（Herbal Food Organizer）
HAC（Herbal Aroma Creator） など

●ジャパンハーブソサエティー
http://www.npo-jhs.jp/
インストラクター初級・中級・上級
スペシャリスト、マスター

●日本ハーブセラピスト協会
http://www.herbtherapist.jp/
ハーブ検定2級・1級
ハーブセラピスト など

「Petite Luxe」の充実した茶葉のストック。オーナーの山根さんは日本アロマ環境協会のアロマテラピーインストラクター資格も取得。

第3章 サロンをはじめる前に考えておこう!

お金の準備と物件選び

いよいよサロンオープンに向けての準備です。
限られた予算のなかから、
お金をかけてこだわる部分はどこか?
低コストで間に合わせる部分はどこか?
どんな物件がサロンには向いているのか?
といったさまざまなことをクリアし、
必要なことを把握しておきましょう。
お金が足りなければ調達方法も考えて!

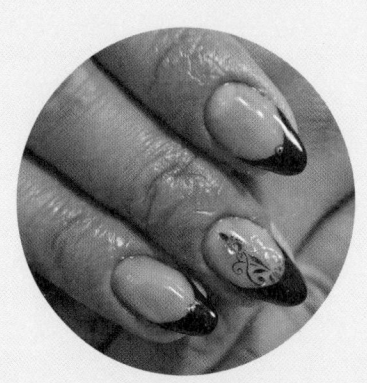

開業のメリット

ネイリスト&アイリストが独立したくなるサロン開業のメリットは?

美容関係の学校を卒業後、サロンに勤務することで、独立という将来像を描く人が多いが、はたして開業にかりたてる理由、開業しやすさとは?

低コストで開業でき理想を現実化しやすい

個人の美容系のサロンが珍しくなった近年、最初から自分のお店をはじめたいという目標をもって、美容学校などに通う未来のネイリストやアイリストも多いといいます。他業種に比べ独立しやすいといわれる理由は大きく3つ。

① 理想の職場を展開できる

独立した多くのネイリストが「開業前にサロンに勤務することが大事」とアドバイスする一方で、独立の意志を固めたのもサロン勤務時代だといいます。

会社の方針にあわせた、営業や雑務をこなしながらの接客は、時間に追われる事務的な内容になりがち。けれど自分のサロンなら、一人ひとりに時間をかけたお客さま本意のもてなしができます。「自分らしいサロンで、納得のいく仕事ができること」は大きな魅力の一つといえます。

② 低コストで開業可能

ネイルだけで開業するのであれば、大きな備品は椅子とテーブルだけ。ゆったり感を出したり、アイラッシュもメニューに入れるのであれば、リクライニングソファが主流ですが、あとは、ネイル関連の商材があればはじめられます。

低コストで金銭的なリスクが少ないサロン開業。注意すべき点は、「開業しやすい=経営がうまくいく」ではないということ。開業自体に夢や目標を置かず、長く続けられるよう先を見据えて開業に臨みましょう。

③ 開業場所の選択肢が多い

ネイルは、施術者とお客さまが向き合って座れるスペース、アイラッシュは椅子またはベッドとウェイティングスペースが必要ですが、8畳程度の広さがあればサービス提供が可能。店舗ではなく自宅の1室でも開業できます。

比べると、備品の購入資金も安く抑えられます。

▼ ウェイティングスペース

お客さまをお待たせしたり、カウンセリングを行うための場所のこと。アイラッシュサロン開業には保健所など、各機関への届け出が必要になるが、ウェイティングスペースを完備していることが条件の一つ。保健所への理・美容所開設届を提出する際、はじめようとするサロンの構造や施設が保健所の定めた基準に適合していなければいけない。この基準は各自治体によって異なるので確認しよう。

第3章 お金の準備と物件選び

ネイル＆アイラッシュサロンは少ない資金でもOK

ネイルサロン、アイラッシュサロン		開業場所		飲食店
自宅	賃貸マンション	開業場所		雑居ビル 居抜き物件
なし	3名	スタッフ数（本人除く）		3名
なし	約80万円	物件取得費	敷金、礼金、手数料、初月家賃など	約500万円
約30万円	約100万円	内装費	壁・天井クロスの張り替えなど	約200万円
約30万円	約30万円	広告宣伝費	チラシ、ホームページ制作など	約50万円
約20万円	約30万円	設備（大）	椅子、ベッド、デスク、テーブルなどの家具	約20万円
			洗濯機、冷蔵庫、エアコンなどの電化製品	
約10万円	約10万円	設備（小）	照明、カーテン、食器、観葉植物など	
約5万円	約5万円	消耗品	タオル、洗剤、トイレ用品など	約20万円

※取材事例などをもとに作成

約95万円　**約255万円**　　合計　　**約790万円**

自宅サロンなら100万円以内での開業も可能！

店舗を借りて、スタッフ3名を雇っても300万円以内で開業できる！

サロンコンセプト

夢を形に理想を現実に サロンのコンセプトを考えよう

サロンのコンセプトを決めることは、すべての土台、基礎となる作業。
自分が思い描くサロン像を紙に書き出し、具体化していこう。

コンセプト決定は サロンづくりの重要項目

あなたが抱いている夢や目標を実現するために、実際にどんなサロンにするのか——それがコンセプト設計の基本です。どんな出店準備をするのか、また開業後の店舗運営についても、ここで考えた土台にもとづいて進めていくことになるので、とても大切になります。

まず最初は、自分は「なぜ、何のために」独立するのかを明確にすることです。その答えがサロン経営の「理念」や「信条」にもなっていきます。また、開業後の将来性について、3年後、5年後、その先はどうなりたいのかというビジョンも、しっかりイメージしておきましょう。

お店の売りやターゲットなど 夢を具体化する

次に、お店の売り（セールスポイント）になるものは何か、ターゲットとなる客層は若者に絞るのか、幅広い年齢層に対応するのか、出店場所は都心か郊外か、サロンの内装はどんなテイストでまとめるか、メニューと料金設定、一人で経営するかスタッフを雇うか、などを具体的に固めていきます。

こういった項目を明確にすることで、開業までに自分が何をすべきかが見えてきます。

注意点は、自分の理想とお客さまのニーズが一致するのかという点を考慮すること。自分が思い描くサロンコンセプトが共感してもらえるようバランスを取ることも大切です。もちろん準備可能な開業資金の範囲内で実現できる店舗づくりをすることはいうまでもありません。

こういったコンセプト決定の作業は、人に話したり、紙に書き出したりすることで、さらに深いイメージを固めることができます。自分が思い描くサロンを、頭のなかだけではなく、客観的な視点から具体化していきましょう。

▼サロンコンセプト

サロンをはじめようとする場合、大切になるのがコンセプトづくり。まずは短い言葉で表現してみよう。

たとえば、「働く女性を応援する」「朝活向けのサロン」「子ども連れの母親も来やすい自宅サロン」といったように、どんな人にどんなサービスを提供できるのかがわかること。そして、ターゲットにするお客さまが理解しやすいことが大事だ。

第3章　お金の準備と物件選び

サロンのコンセプトを明確に！

コンセプトは自分の夢（理念）や目標（将来のビジョン）を明確にするための土台となるもの。創業計画書のベースにもなるので、下図の空欄に書き込んでみよう。

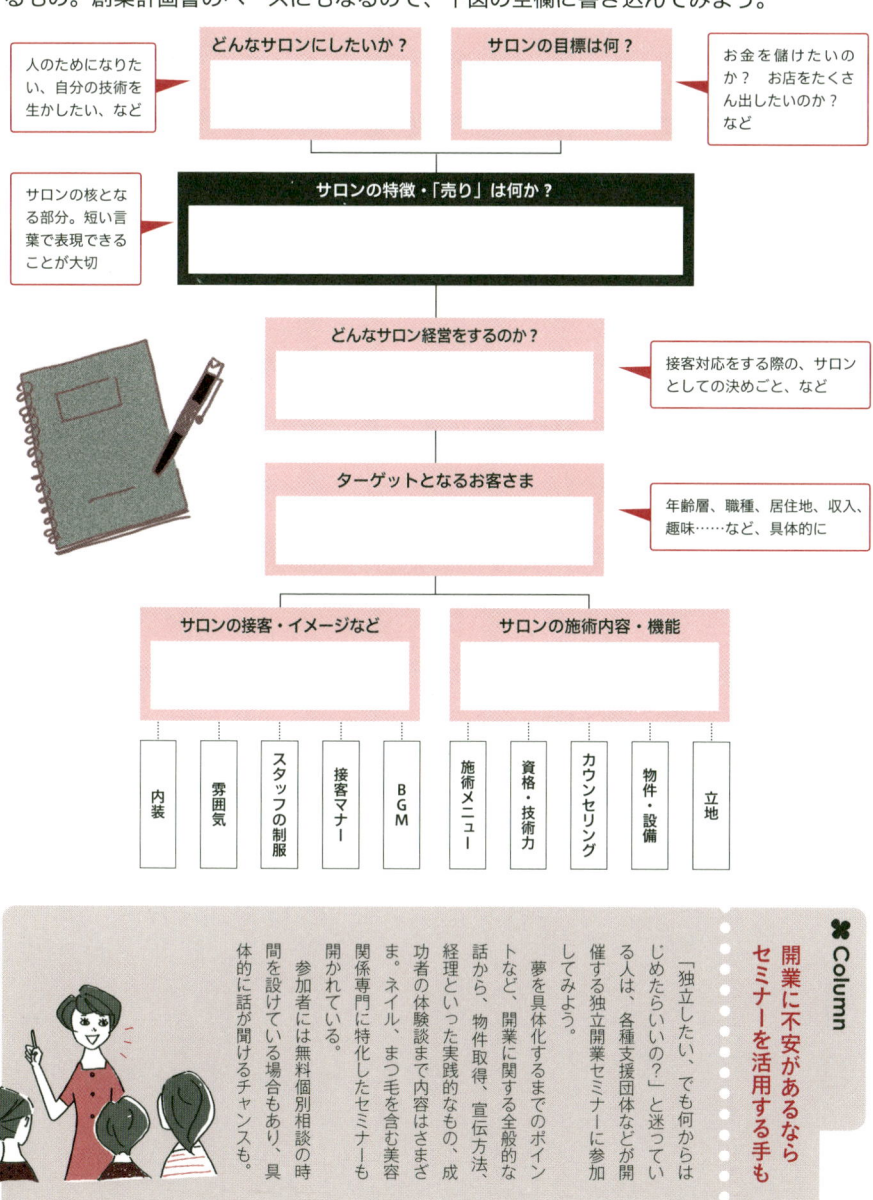

どんなサロンにしたいか？
（人のためになりたい、自分の技術を生かしたい、など）

サロンの目標は何？
（お金を儲けたいのか？ お店をたくさん出したいのか？など）

サロンの特徴・「売り」は何か？
（サロンの核となる部分。短い言葉で表現できることが大切）

どんなサロン経営をするのか？
（接客対応をする際の、サロンとしての決めごと、など）

ターゲットとなるお客さま
（年齢層、職種、居住地、収入、趣味……など、具体的に）

サロンの接客・イメージなど
- 内装
- 雰囲気
- スタッフの制服
- 接客マナー
- BGM

サロンの施術内容・機能
- 施術メニュー
- 資格・技術力
- カウンセリング
- 物件・設備
- 立地

✳ Column　開業に不安があるならセミナーを活用する手も

「独立したい、でも何からはじめたらいいの？」と迷っている人は、各種支援団体などが開催する独立開業セミナーに参加してみよう。

夢を具体化するまでのポイントなど、開業に関する全般的な話から、物件取得、宣伝方法、経理といった実践的なもの、成功者の体験談まで内容はさまざま。ネイル、まつ毛を含む美容関係専門に特化したセミナーも開かれている。

参加者には無料個別相談の時間を設けている場合もあり、具体的に話が聞けるチャンスも。

開業にはいくらかかる？

開業にかかる費用を拾い出し必要な資金を計算しよう

サロン経営は比較的、低予算ではじめられるとはいえ、資金計画は必要不可欠。物件の取得や改装、備品や仕入れなどに、いくらかかるかチェックしよう。

リターンとのバランスでやりくりを考える

サロンの開業には、物件取得費や内装費、設備費、備品、消耗品費、広告宣伝費などが必要です。

物件取得費は、自宅で開業する場合はもちろん発生しませんが、マンション等を借りる場合、敷金（保証金）や礼金等で、家賃×6カ月程度は見積もっておきましょう。

内装費は、5万円前後ですませる人もいれば、2、3百万円かける人もいます。こだわりに左右されますが、金額と集客効果は必ずしも一致しない点に注意を。初期投資を抑え、浮いた費用を季節の模様替え資金に回すといった使い方もあります。

設備費は空調・防災機器など、備品・消耗品費は机やイス、ジェルやグルーなどの費用のこと。広告宣伝費はホームページやチラシ、ショップカードの制作、フリーペーパーへの掲載料などで、5万～30万円前後かけることが多いようです。

また、開業費には含まれませんが、これからネイル等の技術の習得をめざす人はスクール等の受講料も計算に入れておかなければなりません。

いずれにしても、まずは予想される費用をすべて書き出してみて、優先順位の低いものからコストカットを考えてみるといいでしょう。

3カ月～半年分の費用を運転資金として準備

開業前にかかる費用だけでなく、開業後の運転資金についても見通しを立てておく必要があります。

家賃や仕入れ代、人件費など、毎月いろいろな費用が発生します。また、自営業者の備えとして、健康保険料や国民年金くらいは支払っておきたいものです。

運転資金の目安として、利益なしで3カ月から半年は営業を続けられるだけの金額を用意しましょう。やっと固定客が付きはじめたところで、資金ショートを起こしてしまうことになっては、悔やみ切れません。

▼運転資金

開業後、お店を維持していくために必要な資金のこと。ほぼ毎月一定額がかかる「固定費」と、売り上げの増減等によって金額が変わる「変動費」に大きく分類される。

固定費の代表的なものは、家賃や人件費、ガス・水道・電気などの光熱費、ローンの返済金など。

変動費には、材料や商品の仕入れ費、イレギュラーに発生する販促費（チラシを作成するなど）が挙げられる。

第3章　お金の準備と物件選び

開業にかかる資金を計算してみよう

●開業前にかかる費用

物件関連
- 物件取得費　　　　円
- 外装費　　　　　　円
- 内装費　　　　　　円
- その他　　　　　　円
- 小計①　　　　　　円

広告宣伝費
- ホームページ制作　　円
- チラシ・看板制作　　円
- ショップカード制作　円
- 雑誌等への広告掲載　円
- 検索サイト等への登録　円
- 小計②　　　　　　円

備品・消耗品費
- テーブル・イス　　　円
- 照明・音響設備　　　円
- インテリア用品　　　円
- 消耗品　　　　　　　円
- その他　　　　　　　円
- 小計③　　　　　　　円

技術習得費
- スクール受講　　　　円
- 他店体験　　　　　　円
- その他　　　　　　　円
- 小計④　　　　　　　円

●開業後にかかる費用（1カ月あたり）

固定費
- 家賃　　　　　　　円
- 給料　　　　　　　円
- 保険・年金　　　　円
- リース料　　　　　円
- 返済金　　　　　　円
- その他　　　　　　円
- 小計⑤　　　　　　円

変動費
- 仕入れ費　　　　　円
- 消耗品　　　　　　円
- その他　　　　　　円
- 小計⑥　　　　　　円

開業資金の総額
①＋②＋③＋④＋(⑤＋⑥)×6カ月
＝合計　　　　　　円

資金はどこで調達する？

資金に不安がある場合は公的融資の利用を考えよう

公的融資制度とは、国や地方自治体などが扱う融資のこと。民間の金融機関にくらべて、低金利で審査が通りやすいのが特徴。

金利負担の少ない日本政策金融公庫の融資

開業資金や運転資金を計算した結果、自己資金でまかない切れない場合は、融資などを利用して調達することになります。

自己資金で足りる場合でも、余力が少ないのなら、早めに手を打っておくことをオススメします。安易な借り入れは慎みたい一方で、実際に資金不足に陥ってから融資を申し込んだところ、審査に通らなかったり、審査に通っても、融資の実行に時間がかかって支払いに間に合わないケースも考えられるからです。

融資を受けられる可能性がもっとも高いのは、日本政策金融公庫の融資制度です。同公庫は開業支援に重きを置いた政府系金融機関であるため、おおむね年利2〜3％前後の低利率かつ長期固定で借りられるのが最大の特徴となっています。条件を満たせば、無担保・無保証人で融資を受けられるものもあります。

一方、民間の金融機関からの借り入れは、しっかりとした担保がない限り難しいのが実情です。

担当者の声に耳を傾け事業計画の精度をアップ

日本政策金融公庫の融資制度の利用にあたっては、もちろん審査があります。まず、創業（事業）計画書を提出。続いて面談ならびに担保や保証人の有無を確認後、融資の成否が決定します。融資が下りるのは申請者の10〜20％といわれています。

厳しい数字に思われるかもしれませんが、このなかには、売り上げの予想などに根拠がなく、創業（事業）計画書の体をなしてないものも多く含まれています。

また、一度でOKがもらえなくても、指摘された点を改め、融資を申し込み直すこともできます。親身になってアドバイスしてもらえるので、まずは相談に出かけてみましょう。

▼担保・保証人

担保とは、融資の返済ができなくなった場合、お金の代わりに債務の弁済にあてるもののこと。土地・建物などが一般的だが、融資を受けた本人の名義であることが前提。日本政策金融公庫では、基本的に生命保険、自動車、預金などの動産は担保にできない。

一方、保証人とは、返済が滞った際に、融資を受けた本人に代わって返済の義務を負う第三者のこと。一般に家族は認められないことが多いが、配偶者にある程度の収入がある場合、保証人として認められるケースもある。

足りない…

第3章　お金の準備と物件選び

日本政策金融公庫の開業者向け融資制度

制度名	融資対象（要件から一部抜粋）	使途	融資限度額	返済期間（据置期間）	利率（融資期間5年以内の場合）	担保または保証人
新規開業資金	現勤務先企業と同じ業種に通算して6年以上勤務、またはサービス等に工夫を加え多様なニーズに対応する事業をはじめる、など	設備資金	7,200万円	15年以内（3年以内）	2.15%（保証人のみ提供のケース）	要
新規開業資金	現勤務先企業と同じ業種に通算して6年以上勤務、またはサービス等に工夫を加え多様なニーズに対応する事業をはじめる、など	運転資金	4,800万円	5年以内（6カ月以内）	2.15%（保証人のみ提供のケース）	要
新創業融資制度	現勤務先企業と同じ業種に通算して6年以上勤務、またはサービス等に工夫を加え多様なニーズに対応する事業をはじめる、など ※創業時において開業資金の3分の1以上の自己資金が必要	設備資金	1,500万円	10年以内（6カ月以内）	3.55%	不要
新創業融資制度	現勤務先企業と同じ業種に通算して6年以上勤務、またはサービス等に工夫を加え多様なニーズに対応する事業をはじめる、など ※創業時において開業資金の3分の1以上の自己資金が必要	運転資金	1,500万円	5年以内（6カ月以内）	3.55%	不要
生活衛生貸付（一般貸付）	生活衛生関係の事業を営む人。新規開業の場合も利用可 ※原則として都道府県知事の「推せん書」が必要	設備資金	7,200万円（理容業・美容業の場合）	13年以内（1年以内）	1.95%（保証人のみ提供のケース）	要
女性、若者／シニア起業家支援資金	女性、若年者（30歳未満）または高齢者（55歳以上）	設備資金	7,200万円	15年以内（2年以内）	設備資金1.75% 運転資金2.15%（いずれも保証人のみ提供のケース）	要（保証人）
女性、若者／シニア起業家支援資金	女性、若年者（30歳未満）または高齢者（55歳以上）	運転資金	4,800万円	5年以内（1年以内）	設備資金1.75% 運転資金2.15%（いずれも保証人のみ提供のケース）	要（保証人）

※おもな内容を抜粋（利率等は平成25年12月13日末現在）

Column 日本政策金融公庫の審査のポイントは？

①自己資金額
融資の上限額を「自己資金の○倍まで」規定している制度も。申告どおりの自己資金が本当にあるのかを確認される。とくに「見せ金」は×。家族のお金は自己資金として認められるが、他の金融機関から借り入れたお金は自己資金として認められないので注意。

②保証人
保証人を付けられるかどうかであなたの信用性が測られる。ただし、担保があれば不要。

③売り上げ等の数字
シビアに予測できているか。なかでも、資金ショートの心配がないか、売り上げの見込みを重視。

④経験と人間性
数字は机上のもの。そのため、あなたのバックボーンや、途中で投げ出さない人間かチェック。

実践的アドバイス②

融資に成功する
創業計画書の書き方

融資担当者が見るのは、ズバリ！あなたの「返済能力」。
その判断材料となるのが、創業計画書です。
あなたの「儲ける能力」と「信用」が伝わるものにしましょう。

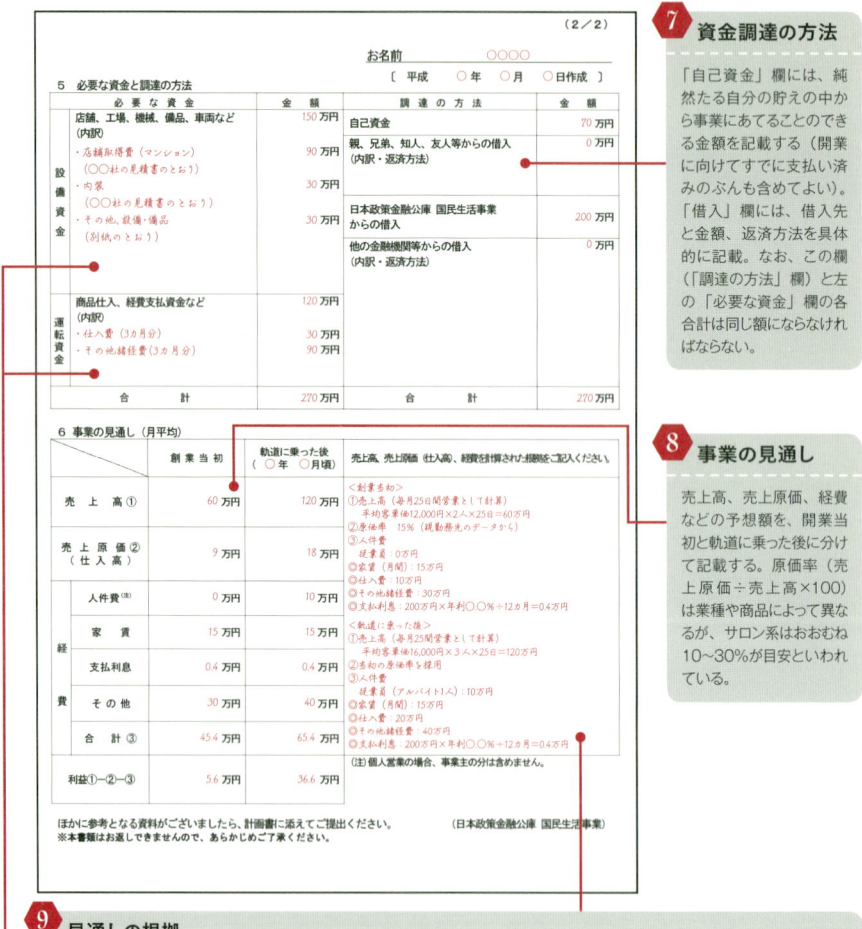

7 資金調達の方法

「自己資金」欄には、純然たる自分の貯えの中から事業にあてることのできる金額を記載する（開業に向けてすでに支払い済みのぶんも含めてよい）。「借入」欄には、借入先と金額、返済方法を具体的に記載。なお、この欄（「調達の方法」欄）と左の「必要な資金」欄の各合計は同じ額にならなければならない。

8 事業の見通し

売上高、売上原価、経費などの予想額を、開業当初と軌道に乗った後に分けて記載する。原価率（売上原価÷売上高×100）は業種や商品によって異なるが、サロン系はおおむね10〜30％が目安といわれている。

9 見通しの根拠

業界平均や地域事情、営業時間、自身の経験則などを加味して算出した、見通し額の計算式を具体的に記入。人件費は人数、雇用形態も明記する。「軌道に乗った後」には何倍の売り上げが可能か、その根拠を示し、売り上げ増に伴う人件費、諸経費の増加額の詳細も明記する。

第3章　お金の準備と物件選び

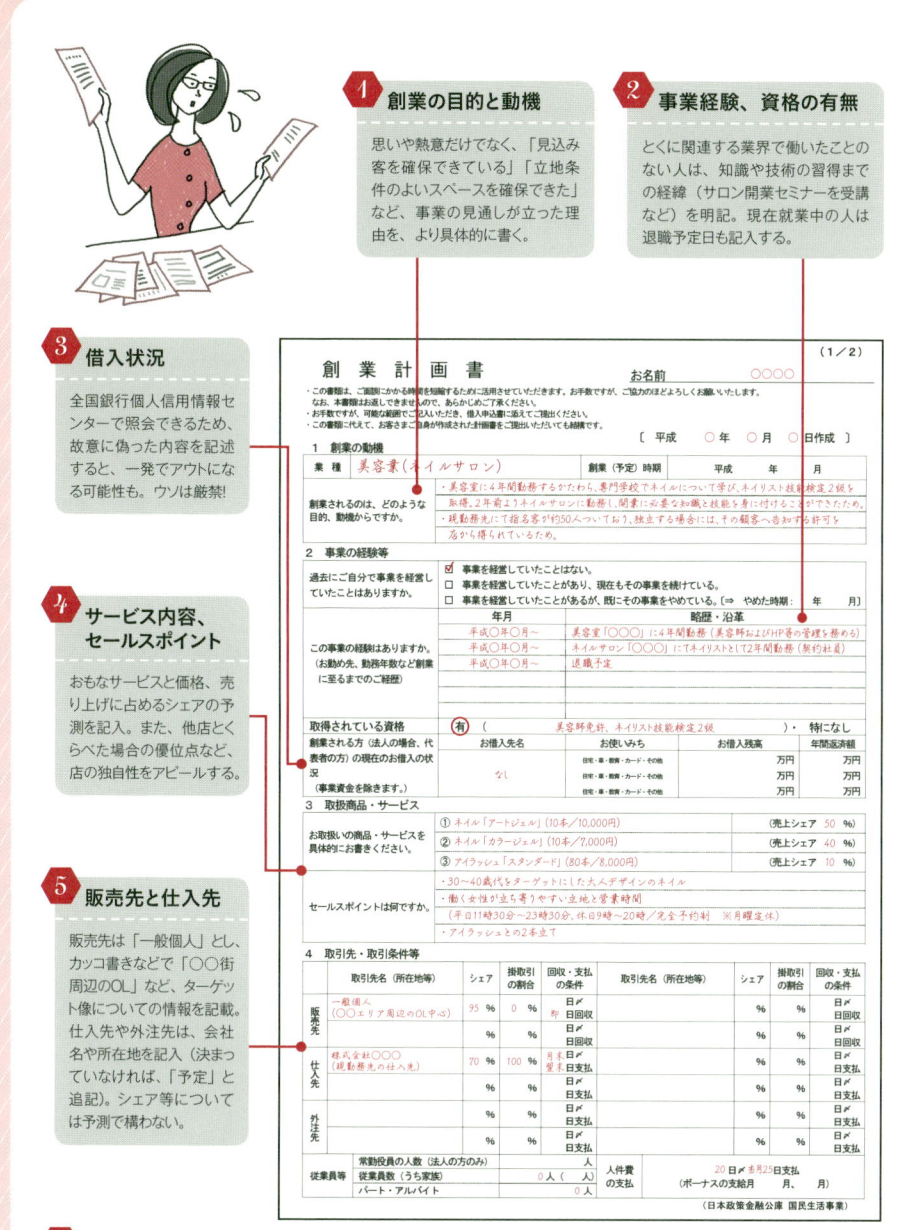

1 創業の目的と動機

思いや熱意だけでなく、「見込み客を確保できている」「立地条件のよいスペースを確保できた」など、事業の見通しが立った理由を、より具体的に書く。

2 事業経験、資格の有無

とくに関連する業界で働いたことのない人は、知識や技術の習得までの経緯（サロン開業セミナーを受講など）を明記。現在就業中の人は退職予定日も記入する。

3 借入状況

全国銀行個人信用情報センターで照会できるため、故意に偽った内容を記述すると、一発でアウトになる可能性も。ウソは厳禁!

4 サービス内容、セールスポイント

おもなサービスと価格、売り上げに占めるシェアの予測を記入。また、他店とくらべた場合の優位点など、店の独自性をアピールする。

5 販売先と仕入先

販売先は「一般個人」とし、カッコ書きなどで「○○街周辺のOL」など、ターゲット像についての情報を記載。仕入先や外注先は、会社名や所在地を記入（決まっていなければ、「予定」と追記）。シェア等については予測で構わない。

6 必要な資金

「設備資金」欄には、店舗取得費、内装費、設備類（空調など）、備品類（テーブル、イスなど）などに分けて記載し、別途、詳細のわかる資料を添付。また可能な限り、見積書やカタログなど、費用の根拠となる資料も添える。「運転資金」欄には、仕入れと諸経費などに分けて記載（何カ月分の費用かも補足しておくとよい）。

111

収支計画

長く経営を続けるために収支計画はシビアに考えよう

収支計画が破たんすると、その先に待っているのは店じまい――。
そんな事態を招かないようにするには、より現実的な見通しが大切だ。

収入は少なめに支出は多めに見積もる

サロンは飲食店などの経営にくらべると、収支計画の立てやすいビジネスです。仕入れ単価は変動が少なく、在庫も通常必要ないため、収入と支出の予測をシンプルに行えます。オープンから1年ももたずに撤退を余儀なくされるお店も少なくありません。その理由の一つは、売り上げ予測に"希望"が入り込みがちだからです。「支出が○○だから、売り上げは○○必要」という一方通行で考えてしまうと、「まあ、毎月あと5人くらいなら集客を増やせるだろう」という安易な結論を導きやすくなります。

しかし、"あと5人"を達成できなかった場合、客単価1万円なら年間60万円、5年で300万円ものズレが生じることになります。

こうした甘さを排除するには、「現実的に毎月いくら売り上げられるか」を先に予測することです。まずはその枠内に家賃や人件費などの支出を収めきれないか検討しましょう。

また、無給も辞さない覚悟でスタートしても、生活レベルを下げられず、事業資金を生活費に回して立ち行かなくなるケースもよく見られます。職住一体にするなど、生活費の切り詰めも重要な検討事項です。

緊急事態に備え広告宣伝費の予算化も

収支計画を立てるうえで、扱いが難しいのが広告宣伝費です。開業時の宣伝はある程度定石があるので悩みませんが、オープン後のそれは、各店の戦略や状況によるからです。

ただし、開業1年目については、3カ月に1度程度イレギュラーな宣伝が必要になる見込みで予算化しておくといいでしょう。実際にやってみて集客が伸びなければ、何かしら手を打たざるを得ないからです。

そして、宣伝の都度、その集客効果や費用対効果を図り、より精度の高い方法を確立していきましょう。

▼**収支計画書**
事業の儲けの予測を示す推移表のこと。P110の「8 事業の見通し」欄をくわしく作成したものと考えればいい。作成にあたっては、売り上げ予測が達成できそうな数字であるかどうかが最重要。支出の都合に合わせて数字をつくったものでは意味がない。とくに融資を受けている人は、借入金の返済を滞りなく行えるかを念頭に、よりシビアに検討すること。

収支計画の考え方のポイント

賃貸マンションを借りて自分1人で営業する場合

	項目	金額（円）	備考
収入 （売り上げ）	施術	750,000	15,000円×2人×25日
	物販	(30,000)	ハンドクリームなど
	セミナー	(50,000)	1回1万円×5人定員（毎月1回開催）
支出 （経費）	家賃	125,000	サロン専用で使用
	光熱・通信費	50,000	水道、電気、ガス、電話、インターネットなど
	消耗品費	115,000	トイレットペーパー、お茶、仕入れ費など
	広告宣伝費	50,000	チラシ作成、タウン誌への広告掲載、検索サイトへの登録料など
	返済金	10,000	借入金の返済
	雑費	30,000	予備費（技術研修費など）
月間粗利益		370,000	売り上げ－経費＝月間粗利益

- 施術の売り上げ予測は、**客単価×1日のお客さま数×1カ月の営業日数**で求める
- 不確定要素が多い売り上げについては、集計から除外
- 更新料などの積立分も金額に含めておく
- 多めに見積もり、いつでも宣伝費をねん出できるよう積み立てておく
- 返済が遅れると、追加融資が受けにくくなるので、要注意
- 個人事業主の場合、ここから自分の生活費をねん出

見落としがちな費用に注意！

・模様替えの費用（季節or数年ごと）、設備の故障などによる急な出費など
・次のいずれかの場合、**消費税**の納税義務が発生
　①年間の課税売り上げ高が1,000万円を超えると翌々年から納税
　②1～6月の課税売り上げ高が1,000万円超えると翌年から納税
　消費税の納税義務が発生すると、原則、**確定申告時に一括**して納めることになるので、ふだんからキープしておくこと
※**納税義務がなければ、消費税分は儲けにカウントしてOK！**

❀ Column 物販の売り上げは予測に組み込まない

サロン経営の場合、通常は物販がもたらす収入はわずかなものだ。そのため、稼ぎを目的とするよりも、お客さまとの関係を深めたり、再来店につなげたりするための一手段として考えたほうがいいだろう。

たとえば、ネイルサロンならリムーバ、キューティクルオイル、ハンドクリームなどのホームケア商品を主体に販売し、自宅でのケアについて話を深めるなどしながら、次回の来店に誘導するのがベスト。

ハーブティーなど飲食系の物品の販売も考えられるが、消費期限付きのものは、できれば避けたほうが無難。期限内に売れ残れば、そのまま損失になってしまうからだ。

あくまで勝負は本業。物販については、すべて売れ残る覚悟で収支計画を立てておこう。

立地条件

物件選びの前にコンセプトに合った ホームタウンを決めよう

人気の街や、賑やかな駅前だけが、サロン出店に最適の場所とは限らない。大切にしたいのは、あくまでも自分の考えるサロンのコンセプトに合った街選びだ。

出店候補地はサロンのコンセプトを優先して選定

人気のあの街に自分のサロンを構えたい、というような安易な発想で出店場所の候補を選ぶのは避けたいところ。立地選びでは、まず自分が描くサロン像を確認することが大事です。マンションのテナントか繁華街の路面店か、または住宅街の家的サロンなのか、コアターゲットは若者か年配の方かなどなど。それらが固まっていれば、ターゲット客がたくさん訪れる街、または多く住んでいる街など、どんな場所で開業するべきか、自ずと絞り込めてくるはずです。

「ルナ」（P36）のオーナー高橋さんは、繁盛店での勤務時代に接客のあり方に疑問をもち、時間をかけてゆったりスペースで開業したいと都心郊外の花小金井を選択。「レア」（P30）のオーナー伊藤さんは、前の職場のお客さまをそのまま顧客にできたので、環境が変わらない恵比寿を選びました。このように引き継ぎ客がいるか否かでも選び方は違ってきます。

ただし、逆にコンセプトが明確であればあるほど、物件が見つかりにくいという面もあります。物件探しには、半年から1年はかかることもあると考えてください。

人の流れと採算性をデータ上で要チェック

出店場所の狙いが絞れたら、そこで開業した場合の採算性について「商圏分析」をしましょう。簡単にできる市場調査の一つに「人口統計資料」のデータ分析があります。資料は管轄の役所で手に入れることができ、地域ごとに年齢別、性別の人口や世帯数などが掲載されているので、人口分布の実態が把握できます。

若者が多いのか、高齢者の比率が高いのか、先入観ではなく、実際のデータを活用した細かなリサーチが成功へのカギとなります。

▼ **商圏分析**

出店場所がコンセプトと合った地域かどうか、物件から半径500メートル、1キロメートルといったように範囲を絞り、商圏内の駅乗降客数、年齢別人口構成、昼間の人口分布などの項目を分析すること。

第3章　お金の準備と物件選び

立地のチェックポイントはココ！

確認事項

- □ サロンのコンセプトやコアターゲットは明確かを再確認しよう
- □ コンセプトやコアターゲットにふさわしい街を探そう
- □ 役所の人口統計資料などを基に、市場規模を簡単に確認しよう
- □ 地図を眺めて、人の流れを想像してみよう
- □ 現地まで足を運び、人の流れ、とくにターゲット層の流れを確認しよう
- □ はじめてのお客さまが入りやすい物件がないか探してみよう
- □ 近隣の競合サロンで、コンセプトやターゲット層が似過ぎているお店はないか確認しよう
- □ 狙いをつけた場所の保証金や家賃の相場をリサーチし、採算が合うかどうかを確認しよう

POINT

競合店調査をしてみよう！

狙った街にどんなネイルサロン、アイラッシュサロンがあるかについては、さほど神経質に考える必要はないだろう。独自のコンセプトがあり、それをきちんとアピールできるお店ならば、たとえ隣に同業者が営業していたとしても、コンセプトを理解してくれるお客さまは来てくれるもの。

もっとも、あまりにコンセプトやターゲットが似ているサロンがすでに存在するならば、その近所は避けたほうが無難といえる。それ以外は競合店をあまり意識する必要はないだろう。

表参道から少し入った住宅地にあるマンションの1階にある「Nail Salon LAURE'A」。女性でも安心して来店できそうと思い、この物件に決定した。

❋ Column　時間帯を変えて自分の足で実地調査も

市場調査では、自分の足で現地を歩くことも欠かせない。

・賑やかな駅前でも、かえって人通りが多く立ち止まりにくい
・裏路地がターゲットの散策ルートになっていた
・お目当ての物件の隣にイメージと合わない業種の店があった

など、実際に見ないとわからない情報があるからだ。

また、できれば午前、午後、夜と時間帯を変えて訪れておきたい。時間の経過と人の流れの推移、街灯の明るさなども含めた夜間の治安の良し悪しなど、あらゆるシチュエーションで街を見てみよう。

物件選び 01

事前にポイントを絞り込んでから物件探しをはじめよう

立地条件と同じように物件を決めるのにもサロンコンセプトが大きく関係する。決められた予算と時間のなかで理想の物件を見つけるためにも事前準備をしっかりと。

理想の条件を書き出し優先順位を決めておく

いよいよ物件選びです。まずは、サロンコンセプトに沿って条件を書き出しましょう。たとえば、

・店舗用物件か、居住用物件か?
・駅近か、閑静な住宅街か?
・路面店か、ビルの2階以上か?
・理想の間取りは? など。

これらを書き出したら、次に優先順位をつけましょう。時間と予算に制約があるなかでの物件探しです。あなたの思い描く条件を全部満たす物件が見つかるとは限りません。絶対に譲れない項目と、場合によっては妥協できる項目とを分けておき、いざというときに冷静な判断ができるように準備しておくのです。

条件が整ったら、インターネットや地域の不動産会社から情報を収集し、物件を見に行くことになりますが、実際に物件を見る際のチェックポイントもまとめておきましょう。

2階以上の物件の場合は、階段や廊下の雰囲気も大切。狭く薄暗い階段は短所にもなりかねません。2階以上の物件や居住用マンションの場合、ビルのエントランス部などに、「立て看板」が出せるか否かもポイントです。契約前に確認し、許可を得ておくのが基本です。

開業資金計画の予算内に抑えること

家賃は毎月かかる固定費なので無理をせず、開業資金計画で立てた物件取得費の金額以内で選ぶことが大切です。

家賃のほかにも保証金や前家賃が必要なケースが一般的なので、それらを含めて予算内に収めること。さらに物件によっては修繕費や内装工事費もかかってきます。そういった経費もすべて考慮にいれて決定することが重要です。

▼立て看板

ビルの玄関や路上に置く立て看板は通行人へアピールする、もっとも有効な手段。施術メニューや割引キャンペーンなど、お店の売りとなる内容を書き込み、自由に取り付けて設置しておくのがオススメ。かなり効果があるという事例もあり、居住用マンションや上層階の店舗にとっては、とくに準備したいアイテムだ。

お客さまが使うトイレや水周りの清潔感もサロンには不可欠です。

第3章　お金の準備と物件選び

物件決定までの流れとチェックポイント

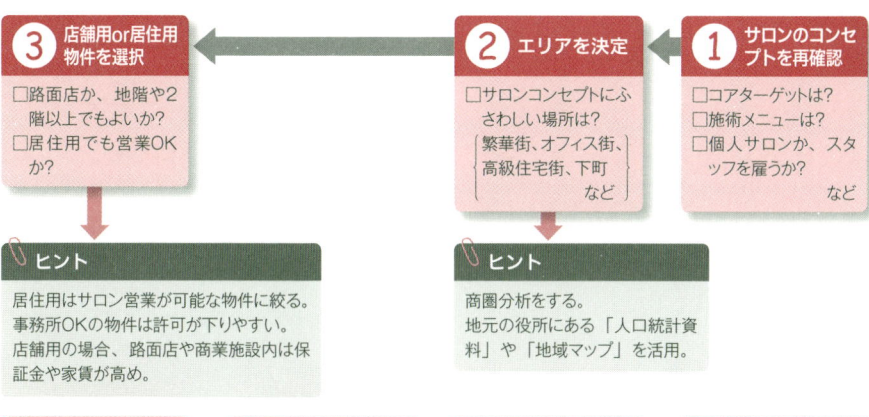

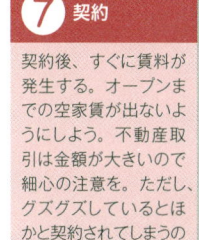

③ 店舗用or居住用物件を選択
- □路面店か、地階や2階以上でもよいか?
- □居住用でも営業OKか?

② エリアを決定
- □サロンコンセプトにふさわしい場所は?
  （繁華街、オフィス街、高級住宅街、下町　など）

① サロンのコンセプトを再確認
- □コアターゲットは?
- □施術メニューは?
- □個人サロンか、スタッフを雇うか?
  など

ヒント
居住用はサロン営業が可能な物件に絞る。事務所OKの物件は許可が下りやすい。店舗用の場合、路面店や商業施設内は保証金や家賃が高め。

ヒント
商圏分析をする。地元の役所にある「人口統計資料」や「地域マップ」を活用。

⑦ 契約
契約後、すぐに賃料が発生する。オープンまでの空家賃が出ないようにしよう。不動産取引は金額が大きいので細心の注意を。ただし、グズグズしているとほかと契約されてしまうので、決断力も大切。

⑥ 賃料の検討
- □周囲の相場と比較
- □保証金の有無
  など

⑤ 物件の下見
- □昼と夜の違い
- □平日と休日の違い
- □競合店の有無
- □騒音の有無
- □共用部分の清潔さ
- □設備の充実度
  など

④ 広さを決定
- □施術には何m²必要か?
- □部屋数は?
- □間取りは?

ヒント
物件オーナーの経営状況も把握できるとよい。物件オーナーが破産してオーナーが交代すると保証金などが戻らないことも。

ヒント
予測売り上げから、支払い可能な賃料を検討。一般に売り上げの10%が限度とされている。家賃は交渉次第で下がることも。

ヒント
自分で足を運び、実際の雰囲気を確かめる。曜日や時間帯など、異なるシチュエーションで何度か訪れ、さまざまな角度からチェック。

ヒント
スタッフ数によって同時施術が可能な客数が決まる。そこから椅子の数を割り出し、レイアウトを考えていくと必要な広さがイメージできる。

Column　居抜き物件のメリット&デメリット

店舗用物件を検討する際に、コストを抑えるため、居抜き物件を視野に入れる人もいるだろう。

設備が整っていて初期費用が抑えられることが最大のメリットだが、マイナス面があることも事実。

多くの場合、以前のお店の内装をそのまま引き継ぐので、自分の描いていたサロン像になりにくかったり、周辺住民には以前のお店のイメージがあるため新鮮味がなく、開店前から評価が下がってしまうことも。

とくに廃業した同業サロンのあとは、マイナスイメージがつきやすいので注意したい。

以上のように、居抜き物件の取得には慎重な判断が必要だ。

物件選び 02

スタッフ人数と施術メニューから
サロンに最適な間取りを考えよう

大きな什器がいらないサロンは小スペースでも十分に癒し空間を演出できる。
重視すべきは、施術しやすい間取りや換気機能、清潔な水周りなどの設備だ。

個人で開業するのであれば6畳一間でも十分できる

自分一人で接客をする個人サロンであれば、「お客さまが座るリクライニングチェア」「カウンセリングやネイルの施術用テーブル」「自分が座る椅子」の3点を置くスペースさえあれば、6畳一間でもそれなりにサロンらしい空間が演出できます。

カウンセリングスペースと施術ルームを別にしたいとか、スタッフを雇って同時に接客できる人数を増やしたいというのであれば、それなりの広さが必要です。また、この場合には、お客さまのプライベートを重視する個室を用意するのか、広い部屋をパーテーションやカーテンで区切る程度でよいのかによって、間取りを検討していきます。

1部屋で間に合うといっても、テーブルサービスの準備をしたりするバックヤードのことを考えると、キッチン独立型を選んだほうが作業しやすくなります。

夢を提供するサロンだから清潔感や癒し感を大切に

ネイルサロンで扱う商材のなかには、香りの強いものもあるので、設備面では、とくに換気機能がしっかりした物件を選びましょう。換気装置が備わっていることはもちろん、各部屋に窓があれば、お客さまの入れ替え時に、一気に空気をリフレッシュすることができます。

駅近や繁華街など騒音が気になる立地なら、窓は二重サッシになっているかも確認します。1回の施術に長時間を費やすネイルサロンでは、お客さまがリラックスできる静かな空間を提供したいものです。

ほかには、お客さまが使用するトイレやパウダールームは清潔か。たとえばショッピングセンター内のテナントでは、トイレが共同ということもありますから、そういった物件は極力避けたいものです。

▼リクライニングチェア

お客さまにゆったりと寝ていただけるので、普通の椅子とは差別化できる。背の部分を完全に倒せるようなタイプであれば、ネイルとアイラッシュの同時施術も可能になり、客単価を上げることにもつながる。

ただし、オフィス用のものが多いので、自分のサロンの雰囲気を壊さないようなデザインかどうかを判断しよう。

第3章　お金の準備と物件選び

接客数&メニューで考える間取り（例）

> Private nail salon Lunar の場合　→　お客さまのプライベートを守る間取り

- ◆ メニュー：ネイル、アイラッシュ、フットケア
- ◆ スタッフ数：4名（オーナー含む）

施術ルーム①　　**施術ルーム②**　　**施術ルーム③**

ポイント①
プライベート感を重視するため、独立した施術ルームを2部屋確保。（施術ルーム①と施術ルーム②）
★同じ時間帯に予約が入っても、お客さま同士が顔を合わせることはない。

ポイント②
施術ルーム③は、カウンセリングや待合室に使用するのがメインだが、予約が重なったときにはフットケアやアイラッシュに使用。
★アイラッシュはネイルに比べ施術時間が短いため、同時に3人の予約があった場合、施術ルーム①と②でネイル、③でアイラッシュといったように使い分ける。施術ルーム③は先に終わるため、この場合もお客さま同士が顔を合わせずにすむ。

ポイント③
すべての施術ルームに大きな窓。
★明るい雰囲気と換気機能を確保。

✿ Column　サロンは女性率が高い職場　セキュリティ対策を万全に

自宅や居住用マンションで開業する場合は、とくにセキュリティ管理にも気を配ろう。

対策は、
① 自分を含むスタッフを守る
② お客さまを守る

の2方向から考えたい。

①について、ネイルケアやアイブロウトリートメントを利用する男性は増加傾向にあるが、密室でお客さまと2人きりになるため、「女性専用・男性は顧客の家族や紹介のみ」というルール設定のサロンが多い。

②については、施術中に不審者の侵入でもあったら一大事。来客中は玄関の鍵をかけておくことが必須で、管理人常駐、マンションの入り口がオートロック、玄関の鍵が2つになっているといった物件はより安全性が高くなる。

beauty column

融資の申請は、物件契約の
タイミングを考えて

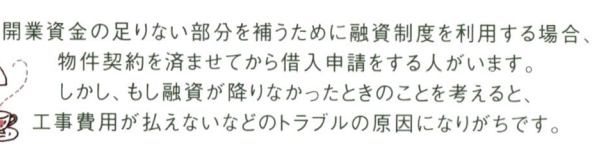

開業資金の足りない部分を補うために融資制度を利用する場合、物件契約を済ませてから借入申請をする人がいます。
しかし、もし融資が降りなかったときのことを考えると、工事費用が払えないなどのトラブルの原因になりがちです。

工事業者との契約は
借入金が降りてからにすること

　自己資金だけでは開業資金がまかなえない場合、多くの人が日本政策金融公庫や自治体などの融資制度を利用しています。この融資制度を利用するためには、不動産会社との間に交わした物件契約書の提出を求められることが一般的です。

　そのため、お店をオープンするまでには、不動産物件契約→借入申請（融資を受ける場合）→デザイン会社・工事業者と契約→着工というステップを踏むケースが多く見られます。しかし、このような手順を経るときは十分な注意が必要になります。

　一般に融資の申請から借入金を受け取るまでには早い場合で1カ月、遅いと2カ月以上かかることも。融資の審査に通らなければ1円も入りません。不動産会社と物件契約したら、工事中も家賃が発生することになるので、デザイン会社や工事業者と急いで契約しがち。

しかし、融資のお金が降りるのを待たず物件契約を済ませ、工事がはじまってしまうと、仮に融資を受けることができない場合、多額の資金が足りなくなってしまいます。

　なかには別の金利の高い借入れに手を出し、返済のために毎月の収支バランスをくずしたり、途中まで進んだ工事を無駄にして、負債だけが残るというケースも。最悪の場合、費用が払えないことでお店の夢が絶たれることにもなりかねません。このようなトラブルを防ぐには融資が確定してから不動産会社、工事業者と契約をすることです。

　物件契約の書類がないと融資の審査対象にならない場合は、不動産会社にあらかじめ交渉して、あくまで便宜上のものとして物件契約書を作成してもらうこと。そして、正式な契約は融資の内定が降りてからもらうようにお願いするのです。

　融資を通すためであることを、誠意をもって説明すれば、理解してくれるはずです。

物件契約～工事着工までの流れ

物件契約
・借入申請から手元にお金が降りてくるまでの期間、工事に必要な期間などをしっかり確かめてから物件契約すること。
・サロン経営に関する設備が整っていることを確認。契約後に不具合がわかって工事を急ぐと失敗のもとに。

借入申請
（融資を利用する場合）
・事業計画がいい加減であったり、すでに多額の借入れがある場合など、申し込んでも貸してもらえないこともあるので注意。

→ 融資が振り込まれるまでの期間／1～2カ月 →
・仮に融資が受けられない場合、多額の資金が不足し、大きな金銭トラブルになりかねない！

デザイン会社・工事業者との契約
・デザイナーに工事予算の割り振りを検討してもらったり、工事業者への支払時期なども監理指導してもらうと安心。

工事着工
・工事完了までの期間は、一般に3週間～1カ月程度。追加工事などで予算をオーバーしないように注意。
・少しでもお金を残して開業後の運転資金に活用しよう。

第4章 お店づくりを魅力的＆個性的に

オープン前の最終仕上げ

自分のサロンだから、
インテリアや内装は好みのもので
まとめたいと思うかもしれませんが、
お客さまを迎えておもてなしをするからには、
それにふさわしい空間が必要になります。
コンセプトに合わせて、
想定するターゲットに愛されるような
お店づくりをしましょう。

空間づくり

客層に合ったインテリアで居心地のいい空間をつくろう

ネイルサロンの利用客はファッションにこだわりをもつ人ばかり。
そうした利用客の気持ちをつかむセンスのいい＆居心地のいい空間づくりをめざそう。

顧客ターゲットに好まれるインテリアをめざす

ネイルケアにお金や時間をかけるお客さまは、ファッションやインテリアにもこだわりをもっています。

そうしたお客さまを惹きつけるには、サロンの内装にも工夫が必要です。インテリアは小物にいたるまで、統一されたセンスでまとめたいところ。物件が見つかったら、ターゲットとする客層にふさわしいサロンのイメージを練りましょう。たとえばターゲットが10代の若い女の子なら、デザインはポップでカジュアルな雰囲気。主婦や社会人をターゲットに、「白を基調とした、シンプルで上品な雰囲気」「アジアンリゾート風の癒し空間」……といった具合です。

インテリア雑誌や業界誌の写真をスクラップするなどして、具体的なイメージを固めていきましょう。

居心地のよさを機能面からも追求

施術中、お客さまにくつろいでいただくには、デザインだけでなく機能面からのアプローチも大切です。

とくに時間をかけて吟味したいのがお客さま用のリクライニングチェア。長時間座っても疲れないものを選びたいところです。

また、施術中によけいなものや動きがお客さまの目に入らないよう、バーテーションで区切る、動線や道具の配置を工夫するなどの配慮も必要でしょう。物件の間取り図を見ながら、お客さまが来店してから施術を受け、お店を出るまでの流れを、お客さまの目線で想像しながら、どこに何を置くか考えてみましょう。

ただ、最初からやみくもにインテリアにお金をかける必要はありません。開業当初は設備投資や備品を必要最小限度にとどめ、ちょっとした改装は自分で作業するなどして、初期費用を抑えること。サロンの経営が軌道にのってから、じょじょにそろえていくようにしましょう。

▼自分でできる作業とは

初期費用を抑えるため、自分でどこまで作業が可能か検討を。電気工事などはプロに任せる必要があるが、壁塗り、棚の作成などは比較的取り組みやすい。ペンキなどが使えない場合でも、大判の布やファブリックを上手に活用すると、DIY初心者でも部屋の雰囲気を簡単に変えることができる。

第4章　オープン前の最終仕上げ

センスと居心地のよさを両立させよう！

リクライニングチェア

ネイルも横になった状態でOK
Private nail salon Lunar
サロン内のリクライニングチェアはすべて電動式で統一。ネイルもアイラッシュも横になった状態で施術を受けられるので、お客さまに喜ばれている。

置くスペースを考えて
Attract Omotesando
スケルトン物件を借りて5つのブースに仕切った。設置スペースに制限があるので、無理のないサイズのリクライニングチェアを選んだ。

サロン内はホワイトで統一
EYELASH SALON Lea
白い家具やインテリアに合わせて、リクライニングチェアも同系統のカラーで統一。清潔感のあるナチュラルなイメージを感じさせる。

ネイルデスク

シンプルかつ機能性を重視
Nail Salon LAURE'A
ホワイトで統一し、非日常的な空間なのでデスクもシンプルなものに。お客さま用の椅子は、肘掛がないので立ち上がりやすい。

お手ごろ価格のデスクをチョイス
Nail! Nail! Nail!
ネイル専用のデスクはやや高いので、手持ちの家具に合わせたテイストのものをIKEAで探した。割安なうえに、高さも広さもぴったり。

ウッディな室内に調和するデスク＆チェア
Petite Luxe
自宅の1室を使ったサロンには、オーナーの選んだアンティーク調の家具や、ご主人の手によるワゴンなども。デスクと椅子もテイストを合わせて。

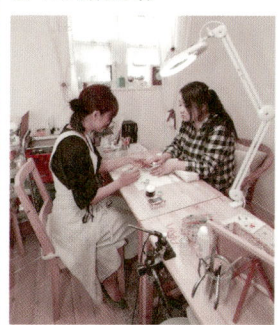

実践的アドバイス③

自分でできる簡単な演出法で好感度アップ！

自分の好きなものを飾りつけるだけでなく、お客さまをリラックスさせ、くつろいでもらうための工夫が大切になります。

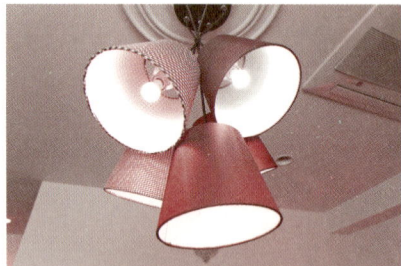

雑貨が好きなオーナーがセレクトした個性的なデザインの照明器具（Mihily & Nirvana）。

アンティーク風ライトにワイヤーのカバーを掛け、人工のリーフを巻き付けて、店内の角に設置（Private nail salon Lunar）。

◆ 照明

確かな施術だけではなく、くつろぎの時間を提供するサロンでは、明かりを上手に使いたいところ。間接照明や変わったデザインの照明器具を選んだり、既成のものにひと工夫するだけでも個性が演出できる。

家具やインテリア周りに、きれいな花を置くだけで注目度もアップ。雑貨と組み合わせても、お客さまの興味を引くはず（Private nail salon Lunar）。

窓辺にちょっとした飾りとして植物や雑貨を置くのもおしゃれ（EYELASH SALON Lea）。

◆ 植物

シンプルな内装デザインや、マンションの1室などでは無機質になりがち。その点、小さな植物や花があるだけでも、お客さまの心に潤いをもたらしてくれる。多肉植物やサボテンなど、あまり手のかからないものがオススメ。

第4章　オープン前の最終仕上げ

◆間仕切り

限られた空間を使い分けたいとき、カーテンやパーテーションだけでも間仕切ることができる。落ち着いた色や軽い素材のものを選ぼう。プライベートとサロンを区切るのにも便利。

自宅の1室をサロンとして使っているので、来客時にはカーテンを垂らすだけ。ドアを付けるよりも広さを感じさせる（Petite Luxe）。

◆映像

施術中のお客さまをリラックスさせたり、退屈させないように、著作権フリーの映画や音楽ビデオなどを流しても喜ばれるかも。BGMに静かな曲を使うのも雰囲気づくりにいい。

大型液晶テレビを設置し、内容紹介のパンフレットも作成している（Private nail salon Lunar）。

◆ドリンク

お客さまのカウンセリングや、待ち時間などにハーブティーでおもてなし。緊張を解きほぐしてもらうためにも効果あり。

ハーブやアロマの知識を身につけておくと、お客さまとの会話のきっかけにも（Petite Luxe）。

◆玄関飾り

玄関周りは来店したお客さまの印象に残りやすいところ。清潔に保つだけでなく、サロンのイメージキャラクターや可愛い小物を置いてみては。

お客さまをお出迎えする場所だけに、花の香りがサロンのイメージアップにも貢献しそう（Eyelash Salon nike）。

店舗のデザイン

サロンのイメージを左右する
店舗デザイナー選びは慎重に

デザインと設計の違いを知ったうえで、理想とするサロンを実現してくれる店舗デザイナー（場合によっては建築士）を探そう。

業者選びの際は価格だけでなくセンスにも注目

設計や工事をプロに頼む際は、どの業者を選ぶのか慎重に検討したいところ。業者によって、価格・技術・センスは千差万別です。

安くて高い技術をもっている業者だけれど、デザインセンスは古臭い……ということも。とくにネイルサロンは店内のデザインセンスの良し悪しでネイリストのセンスが判断される部分があるため、店舗設計・デザインに対するセンスがどの程度であるか、慎重に見極めましょう。業者を探す方法としては、口コミでの紹介のほか、インターネットや雑誌などでリサーチするという方法もあります。

「デザイン」と「設計」の違いを把握しよう

業者選びの際に知っておきたいのが、「設計」「デザイン」「施工（工事）」の違い。設計・デザインと工事の違いは簡単ですが、設計とデザインの違いはあいまいではないでしょうか。

まず、わかりやすいのが店舗のデザインでしょう。これは、依頼者のイメージを具体化する作業のこと。たとえば「南欧風」と注文したときに、「床はテラコッタタイル、壁はしっくいにして、建具は……」と決めていくのです。一方、「設計」は、工事のために建物の構造・材料・工事手法といった設計図を描くこと。

自宅サロンで、内装を少し変えるだけでいいのなら、デザインのみを手がける店舗デザイナーやインテリアコーディネーターでよいでしょう。しかし、大掛かりな工事が必要な場合は、デザインと設計の両方を手がける店舗デザイナーや建築事務所に頼む必要があります。

なお、工事については、手配を店舗デザイナーや建築事務所にお願いする場合もあれば、自分で施工業者を手配することもあります。

▼開業サポート会社

開業手続きでわからないことだらけ、じっくり業者を選んでいられない……。そんな人を助けてくれるのが開業サポート会社（コンサルティング会社）だ。資金調達の方法、コンセプト設計、デザイン会社や施工業者の選定などをアドバイスする、というもの。もちろん報酬は払う必要はあるし、信頼できる会社かどうかの見極めは大事だ。

第4章　オープン前の最終仕上げ

サロン改装に必要な業者の役割

サロンの改装には、さまざまなステップがある。どの業者にどこまでお任せできるのか、事前にしっかり確認しておくこと。

設　計
建物の構造や強度、各種法令を把握したうえで、工事に必要な図面（材料、構造、工法など）を描く。

デザイン
オーナーのイメージを実現するためにインテリアデザインを具体化。必要な内装材、建具などを選定。

施工・監理
実際の工事を担当。またその工事がスケジュール通り、設計通りに行われているかチェックすること。

●設計者・店舗デザイナーの探し方

設計やデザインを安心して任せられる業者は、いくつか候補を挙げ、そのなかからベストな業者を選びたい。

- □素敵なサロンのオーナーに紹介してもらう
- □ネイルスクール時代の先生や同級生に紹介してもらう
- □建築雑誌などで見つけたデザイナーや設計士に問い合わせて相談してみる

業者選びの際に注意！

意見に耳を傾けてくれるか？
いくらセンスがよくても、業者のセンスを押し付けてくるようなところは×。自分の理想とするサロンづくりから離れてしまう。意見をじっくり聞いてくれるかどうかチェック。

美容関係の設計・施工実績はあるか？
サロンは、ちょっとしたレイアウトの違いなどで、お客さまのくつろぎ度やスタッフの作業効率が大きく違ってくる。そのため、サロンのデザインや各種工事は、美容関係のお店、できればサロンの設計・施工に関して実績をもつ業者に任せたい。

✿ Column　自分の要望を的確に伝えるには

自分の描いているイメージを、言葉だけで伝えるのは難しいもの。「○○風に」と伝えても、その「○○風」という言葉から思い描くものが、自分と相手とで一致するとは限らないからだ。自分のイメージをなるべく誤解なく伝えるには、写真やイラストを用意するのがオススメ。雑誌や写真集などから、気に入った外観、内装、小物などの写真をいくつかピックアップして見せるといいだろう。

憧れのサロンの写真を撮るという方法もあるが、その際は必ずサロンの人に許可を取るよう注意して。

工事の業者選び

複数の業者から見積りをとってかしこくコストカットしよう！

工事業者を選ぶ際は、複数の業者から見積りをとること。
それがコストカットの基本だが、安さを追求し過ぎないように注意。

工事業者選びは設計者任せにしないこと

開業にかかる費用のうち、大きな割合を占めるのが、サロンの工事にかかる費用です。開業後の資金繰りを考えると、この工事費用を上手に節約しておきたいところです。

ただ工事業者は、一般に設計を担当する業者（設計事務所や店舗デザイナー）が窓口となって手配します。このとき窓口となった業者が積極的に安い業者を探してくれればよいのですが、なかなか「コストカットでお任せ」とはいかないことが多いようです。

工事費用を節約するなら、設計者には図面の作成のみを依頼し、業者は自分が選ぶ「分離発注方式」でコストを抑える方法もあります。業者を選ぶ際、複数の業者から見積りをとり、安いところを選ぶようにすれば、費用の節約が可能になります。

ただ、この場合、業者の選定から交渉、契約、場合によっては施工管理やトラブル対応まですべて自分がしなくてはなりません。手間がかかるというデメリットがあることを覚悟しておきましょう。

お金も気になるがまずは内容を吟味しよう

複数の業者から見積りをとる場合、打ち合わせや内容チェックの手間を考えると、3社程度に依頼するのが妥当でしょう。

複数の業者から話を聞くことで、適正な相場もおおよそわかってきます。高過ぎるところは論外ですが、あまりに安過ぎるところも品質や納期などの面で不安があります。

見積り内容をじっくり見比べて、価格・品質・納期などあらゆる面で納得のいく業者を選びましょう。そうすれば後悔しないためのポイントです。

なお、あまり無理な値引き交渉を行うと、腕に自信のある良心的な業者が引いてしまうこともあるので注意も必要です。

▼ 見積りとは

商品の売買やサービスの提供にあたって、業者が前もって費用を算出する行為のこと。依頼する側は「見積りをとる」、依頼される側は「見積りを出す」と表現する。複数の業者から見積りをとること（見積書を提出してもらうこと）を相見積（あいみつもり）と呼ぶ。

第4章　オープン前の最終仕上げ

見積書のチェックポイント

内容
- □工事箇所、工事の内容
- □見積書の内容と設計・デザイン案にくい違いがないか
- □工事の規模、数量、仕様など
- □使用する材料のメーカー名、品番、数量などが具体的に記載されているか

費用
- □金額は消費税込みか、税別か
- □「一式」という表現があった場合は明細を要求

その他
- □見積書の発行日や有効期限
- □施工業者の名称、担当者、連絡先、社印・捺印

　見積書は合計額だけを見るのではなく、できるだけ細かい項目までチェックしよう。
　一般に、総工費、工事項目別の集計金額、工事項目ごとの内訳明細などが詳細に書かれている。細かな工事内容を明記せず、「内装工事一式」とだけ書くような業者は避けたほうが無難。

注意！

複数の業者に見積りを依頼し、コストを比較するときは、それぞれの業者に対し「同じ時期」に「同じ内容の資料（設計図など）」を渡すことが必要。

✿Column 追加工事や変更に注意！

見積書に納得したら、いよいよ契約を交わして工事スタート。ただ、工事がはじまると、あれこれ追加したり、細かい変更をしたくなるもの。でも、これがトラブルのもと！　追加や変更により、用意した材料が無駄になったり、施工の手間が余計にかかったりして、コストがかかるためだ。あとで追加費用の多さにびっくり、ということも。やむを得ず追加変更を行う場合は、現場の職人に指示するのではなく、「工事の責任者」と打ち合わせのうえ、追加金額や変更内容を確認してから、発注するかどうか判断を。

実践的アドバイス④

取り入れてみたい！
個性的なサロンづくり

お客さまに好まれる個性的なサロンは、それぞれが演出にも工夫を凝らしているもの。そこには何かヒントになることが隠されています。

リラックス

ネイルやアイラッシュがはじめてのお客さまほど緊張してしまうもの。内装やインテリア、照明やBGMなどは、そんなお客さまにリラックスしてもらうための舞台装置の一つ。使い方次第で、施術の満足感を高めてくれるはずだ。

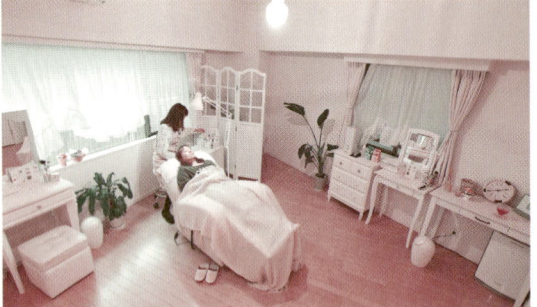

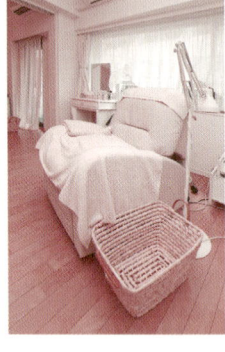

ハワイ好きなオーナーだが、それを前面には押し出さず、静かなハワイアンをBGMで流すなど、さり気なく演出。貴重品入れのカゴも安心感を与える（EYELASH SALON Lea）。

アイラッシュの施術に使うのは低反発タイプのベッド。ほとんどのお客さまが施術中に寝入ってしまうほどの安らぎと安心感を与えている（Eyelash Salon nike）。

第4章　オープン前の最終仕上げ

プライベート感

完全予約制のサロンならではのプライベート感は、はじめてのお客さまにも"特別な場所"というイメージを与えるもの。街の喧騒を離れた、静かな環境をつくり出すことで再来店してもらおう。

自宅新築の際に、ナチュラルテイストで統一した施術ルーム。友人宅を訪れたような感覚になるほど温かみを感じさせる（Petite Luxe）。

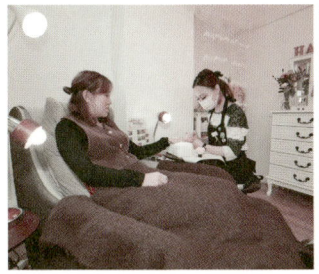

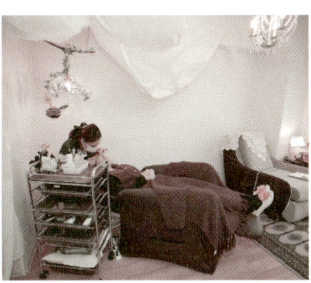

ネイルとアイラッシュによって部屋を使い分け。天井に下げた白い布や、アンティーク調の家具などが、プライベート感のあるサロンを印象づけている（Private nail salon Lunar）。

非日常感

仕事終わりやパーティーの前などにサロンを訪れる人には、現実と離れた空間で過ごすことも楽しみの一つ。徹底した統一感のもとにサロンづくりをすることで、他店に真似できない演出を。

和テイスト

マンションや路面店ではなかなかマネできないが、京都などでは人気スタイルの一つ。最新アートとのギャップが楽しめる。ただし、サロンが開業できるような物件を見つけるのは難しいかも。

古い町家だがリフォーム済みの物件なので、店内はとてもきれい。坪庭があるのもポイント（nails.anthe）。

表参道に近いながら静かな環境。玄関から受付、施術ルームまでをホワイトで統一している（Nail Salon LAURE'A）。

価格設定の仕方

サロンの特徴と得意メニューを利用しやすく適性な価格設定に

価格設定は得意メニューを魅力的にアピールするとともに、初回のお客さまをリピートにつなげるための重要ポイントとなる。

コンセプト、顧客ターゲット 自分の得意メニューを確認

施術メニューや価格構成は、サロンのコンセプト、顧客ターゲット、立地条件などによって変わります。オフィス街で働く女性向けなら会員制の価格設定、駅前や繁華街なら定額制で選びやすくといった要領です。

3Dアートを売りにしたり、ネイルとアイラッシュが同時にできたりするなど、オリジナルメニューがあるとサロンの強みになります。初回割引や期間限定の割引制度を設けるケースもあります。

お客さまに豊富なメニューを提案することは大切ですが、個人サロンであまり欲張り過ぎると個性が薄れてしまい、イメージダウンにつながらないとも限りません。

得意とするメニューを絞り込んで、それにオプションを組み合わせたり、季節ごとにオススメのデザインを取り入れたりするなど、ほかのサロンとの差別化を図りましょう。

価格相場からのバランスと お客さまの満足度を見極める

価格は近隣の競合店やコンセプトが似たサロンの価格を調べ、おおよその相場を割り出し、目標売り上げ高と照らし合わせ、妥当な料金を打ち出すのが一般的です。

東京と地方では物価も違うため、適性価格を見極めることが大切です。といってもあまり安く設定し過ぎるとサロンのイメージ低下につながってしまう恐れも。高額でも、お客さまの満足が得られればリピートにつながることを覚えておきましょう。

また、勤務していたサロンや技術を習っていた先生のサロンの価格を参考にしたり、一部の協会で設定している価格基準にならおうと無難です。これはと思ったいくつかのサロンに客として行き、サービス内容と価格を実体験することで、自分の技術レベルにはいくらの値段がつけられるかを確認してもいいでしょう。

▼定額制
5000円、6000円、7000円コースなどの料金別にメニューを選べるような価格設定のこと。サロン側にもお客さまにわかりやすいので、定期的に通ってくれる可能性も高まる。デザインによって追加料金が発生する場合は、もちろん明記しておくことが大切。

第4章　オープン前の最終仕上げ

こだわりメニューと価格設定のいろいろ

nails.anthe

◆ ジェルネイル
シンプルコース　　6,500円
フリーコース　　 11,000円
特殊アートコース
　　　　　　　　13,000円

手描きのネイルアートにこだわり、「完全オーダーメイド感」をサロンの売りにする寺田さん。価格は京都としては、少し高めの設定にしているが、リピート率は約80%になる。ほとんどが固定客で、お客さまのワガママにも柔軟に応えている。

Eyelash Salon nike

◆ 上まつ毛付け放題コース
両目（140本まで）
　　　　　　　　10,500円
付け足し　上まつ毛
（1本）　　　　　150円

カウンセリングの内容を重視し、お客さまに似合う目元を提案。施術と接客に自信をもち、広告宣伝費も最小限に。「初回のお客さまも常連のお客さまもムラのない接客と施術を徹底しています」という小久保さん。

Mihily & Nirvana

◆ ネイル
シンプル&おすすめコース
　　　　　　　　10,760円
オリジナル定額コース
　　　　　　　　11,800円
オリジナルコース
　　　　　　　　14,700円

定額コースを設定したのは、時間短縮のためとお客さまがイメージしやすいからという飯田さん。このほかに割引対象のオプションや、初回来店から3週間以内、40日以内に再来店した場合の割引制度もある。

Nail Salon MonicaNail

◆ ワンカラー
ベタ塗り　　　　 3,500円
カラーグラデーション
　　　　　　　　 3,500円
アートし放題　　 6,000円

施術料金は定額制なので、お客さまにもわかりやすい。ただし、キャラクターなどを3Dでデザインする時間のかかる施術については、追加料金が必要になることを事前に説明している。

「Mihily & Nirvana」のいろいろな手づくりメニュー表。

❀ Column　来店客のためのメニュー表を用意しよう

メニューと価格が決まったら、お店のホームページやショップカードの裏面、チラシなどに明記しよう。お客さまが来店時に確認できるように、メニュー表も用意しておくとよい。カラーペンで手描きしたり、デザイン見本と料金表示の紙を貼りつけるなど、自作してもよい。クリアファイルを利用すれば、販売商品の紹介をするのにもパンフレットなどを指し込むだけでいいので簡単だ。

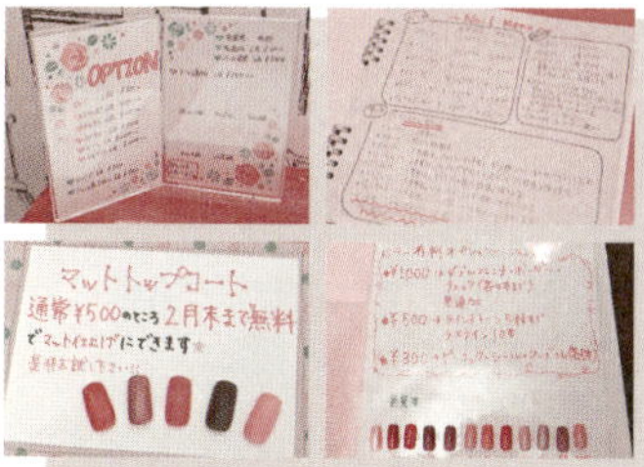

beauty column

開業にはさまざまな必要書類の届け出が必要!

自分のサロンをもつためには、さまざまな機関への申請や書類提出が必要です。もし提出を忘れると、オープンできなくなってしまうので、何が必要になるのかを確認しておきましょう。

アイラッシュサロンは保健所の検査が必要に

ネイルサロンを開業する際には、お店を管轄する税務署に、「個人事業の開廃業等届出書」などの書類を提出するだけですが、アイラッシュサロンやまつ毛エクステサロンをはじめる場合、美容師法の規定により各機関への届け出が必要になります。

まず必要になるのは、保健所に提出する理・美容所開設届。構造施設が保健所の定めた基準に適合していなければ認可されません。理・美容所開設届には、以下の添付書類が必要になります。

・施設の概要と平面図、付近の見取り図
・従業員名簿
・医師の診断書（結核、皮膚疾患について記載したもので、発行後3カ月以内）
・理・美容師免許証（スタッフ全員のもの）
・手数料（各都道府県の規定による。東京都は16,000円）

また、サロンを開く物件の構造施設が、次のような基準に適合しているかどうか、保健所の検査を受けなければいけません。

・作業所の面積…13㎡以上の有効面積の作業室が必要。また、お客さまの待合スペース、従業員数に応じた休憩室の設置も必要。
・作業室の面積と作業椅子の台数のバランス…作業室13㎡に対し、作業椅子を6台まで設置できる。7台以上は1台につき作業室面積を3㎡増やす必要がある（待合スペースもこれに応じて面積を増やす）。
・施設の構造…外部と完全に区分された、昆虫などの侵入を防止できる構造（畳、カーペット、ふすま、障子は使用できない）。

そのほかのチェックポイントとして、照明の明るさや消毒器具の設置、店舗内の換気、美容器具の備えつけ、タオルや作業衣の用意、薬品の機材等格納設備の設置などがあります。

物件を借りる際には、これらのポイントをクリアしているか、しっかり確認しましょう。

開業時に必要な書類と届出先（アイラッシュサロンの場合）

届出先	提出する書類
保健所	理・美容所開設届／施設の概要と平面図／付近の見取り図／従業員名簿／医師の診断書（結核、皮膚疾患について記載したもので発行後3カ月以内）／理・美容師免許証（スタッフ全員のもの） ※手数料は各都道府県によって異なる。
税務署	個人事業の開廃業等届出書（開廃業から1カ月以内）／青色申告を希望の場合は、所得税の青色申告承認申請書（開業日から2カ月以内）／家族を従業員として雇う場合は青色事業専従者給与に関する届出書／従業員を雇う場合は給与支払事務所等の開設届出書

第5章　お客さまに愛されるためのヒント

リピーターを獲得しよう！

お客さまに自分のサロンを知ってもらい
たくさんの人に来店してもらうためには、
高い技術とともに
開店の告知や集客ツール、
おもてなしの心やスタッフの採用と育成、
クレンリネスの徹底なども大事な要素です。
オープンしてから後悔しないように
準備をしっかりしておきましょう。

開店の告知

スタートダッシュに成功する開店前後のPR方法

新規開業時はどんなお店であっても、集客を図らなければいけない。まずは新規のお客さまをどのように獲得していくかが勝負となる。

来店プロセスを理解して効果的な宣伝戦略を練ろう

集客のキホンとして覚えておきたいのが、「AIDMA（アイドマ）の法則」です。AIDMAとは、商品の購入に至るまでのプロセスの頭文字をとったもの。サロンに当てはめると、以下のようになります。

① Attention（注目）
お店の存在を知ってもらう段階。看板の設置、チラシの配布、フリーペーパーへの広告掲載、ホームページの開設、検索サイトへの登録など。

② Interest（関心）
お店に興味をもってもらう段階。①で取り上げた媒体等で、店のコン

セプトやサービスの特徴などをわかりやすく説明。

③ Desire（欲求）
サービスを受けてみたいと思わせる段階。①で取り上げた媒体等で、技術力の高さや知識の豊富さ、施術者のプロフィールや人柄のわかる情報を発信し、お客さまのニーズに応えられるお店であることをアピール。

④ Motive（動機）
来店につながるきっかけを与える段階。割引券の配布やキャンペーンの実施、店頭での誘導、ブログやSNSでの口コミの形成など。

⑤ Action（行動）
来店してもらう。

意外に効果のあるリアルな場でのPR

サロンの場合、お客さまは料金の安さや技術力の高さだけで、来店を決めるわけではありません。施術が長時間にわたるため、③でも記した比較検討が必要な製品。専ように施術者の人柄も判断材料として重視されます。

そのため、人となりのわかるリアルな場でのPR活動は思いのほか、成果に結びつくものです。趣味のオフなどの席では、できるだけ名刺交換をしましょう。ただし、あくまで自然なカタチで。力まずとも、ニーズがあれば、顔の見えないお店より見えるお店に足を運ぶものです。

▼最寄り品・買回り品・専門品

最寄り品は、食品や生活雑貨など、日常的に高頻度で購入される製品。買回り品は、家具や電化製品など、購入にあたって、いくつかの製品の比較検討が必要な製品。専門品は、自動車や高級衣料品など、独自の特性やブランド価値があり、購入にあたって特別な購買努力を要する製品のことである。

サロンの提供するサービスは買回り品。買回り品の購買を高めるためには、製品の詳細情報を提供したり、実際に使用・体験してもらったりすることが重要になるといわれている。

第5章　リピーターを獲得しよう！

AIDMA（アイドマ）の法則と宣伝のしかけ

お客さまの認知〜行動プロセス	注目 Attention	関心 Interest	欲求 Desire	動機 Motive	行動 Action
サロンの戦略	サロンの存在やサービス内容を知ってもらう	あなたのサロンに興味をもってもらう	あなたのサロンのサービスを受けたいと思ってもらう	サロンに足を運ぶきっかけを与える	サロンへの来店
有効なツールと施策（例）	・チラシ、フリーペーパーの配布 ・サロン検索サイトへの登録　など	HP、ブログ、SNSなどで、サロンのコンセプトやサービスの特徴を伝える	HP、ブログ、SNSなどで、サービスの効果やネイリスト、アイリストの技術力、プロフィールを伝える	・初回割引、紹介者割引など ・キャンペーンの実施 ・口コミによる評判	

おもなPR手段と費用の目安

1 ホームページ・ブログ・SNS

知識があれば自分でも作成できるが、デザイン面の印象が集客に大きく影響するので、デザイナーなどプロへの依頼も検討しよう。また、スマホ・ケータイからの閲覧も念頭に置いたつくりにしておきたい。

費用の目安　業者に作成を依頼した場合、ページ数にもよるが、10万円程度から。

2 チラシ・DM

店頭での配布はもちろんのこと、ネイルサロンであれば、近隣の美容室と相互にチラシを置き合うなど、協力関係も築こう。DMはリピーターの獲得には効果大。ひと言手書きコメントを添えるなどして、好感度をアップしよう。

費用の目安　チラシは格安業者なら100枚で1万円程度から。DMは100人に発送して郵送費込みで約6万円。

3 フリーペーパー・検索サイト

フリーペーパーへの広告掲載やサロン専門の検索サイトへの登録は集客に有効な手段だが、競合店も数多く掲載されているので、そのなかでも目立つような工夫が必要。コピーなども業者任せにせず、リクエストをきちんと伝えよう。

費用の目安　フリーペーパー、サロン専門の検索サイトともに、小さい枠なら3万円程度から。

4 近所への挨拶・口コミ

業種を問わず、近隣のお店などにも挨拶に出向こう。情報の入手にも役立つし、ショップカードを置いてくれるところもあるかもしれない。また、知人にブログでの紹介を依頼するなど、口コミで広まるような努力も。

費用の目安　費用はかからないが、ブログなどで紹介してもらった場合、お礼の検討も。

ツール制作

お店の雰囲気や個性が伝わる サロン名やロゴを考えよう

ネーミングやロゴ作成は集客に大きく影響する大切な作業。
お店のコンセプトや他店との違いがきちんとイメージできるものにしよう。

好印象をもたれるネーミングのポイント

見込み客にとって、そのお店の特徴や雰囲気を判断する材料は限られています。そのため、店名やロゴの果たす役割は軽視できません。

たとえば、店名が覚えにくいと、リピーターの口コミによる効果も得づらくなります。なぜならば、せっかくブログや雑誌で取り上げてもらっても、見た人、聞いた人の記憶に残りにくいからです。

お店の名前を決める際には、以下の点を考慮しましょう。

・お店のコンセプトや雰囲気、個性が伝わるものか？

・「清潔感がある」または「耳触りがいい」など、心地よさを与えるものか？

・「リズムがよい」「親しみやすい」「インパクトがある」など、記憶しやすいものか？

店名だけで、お店の特徴を伝えきれない場合は、「ニューヨーク流ジュアルネイル」など、キャッチコピーとセットにするのも手です。

また「自分自身が愛着を持てる」ことも大切です。お店の場所やメニューは変えられても、サロン名は簡単に変えるわけにはいきません。ずっと広めていくものですから、お気に入りの名前を探しましょう。

デザイン性の高いロゴでお店の個性をアピール

ロゴデザインについても、店名と同様に個性を表現することで、デザイン性も重視しましょう。デザインに惹かれて、足を運ぶお客さまは少なくありません。

デザイナーにロゴの制作を依頼する場合は、店の特徴を細かく伝えて、お洒落系にするか、かわいらしい系にするかなど、イメージをすり合わせていきます。

他社や他店のロゴにイメージに近いものがあれば、写真に撮って見せると、よりイメージを正確に伝えることができます。

▼ロゴマークとロゴタイプ

2つの違いは以下のとおり。

ロゴマークは、会社やお店、商品などのイメージをデザイン化したもの。一方、ロゴタイプは、社名や店名、商品名などの文字をデザイン化したもの。ロゴマークとロゴタイプが合わさって、一つのデザインになっている場合もある。

これらロゴは、ビジュアルイメージを統一するため、看板はもちろん、名刺、パッケージ、パンフレットなど、さまざまなツールに使用する。

138

第5章　リピーターを獲得しよう！

ロゴの制作手順

STEP 1 デザインコンセプトを考える
> お客さま目線から考えることが大切。「かわいらしい」「ナチュラル」「くつろげる」など、キーワードをできるだけ書き出し、ロゴのイメージを固めていく

STEP 2 テーマカラーを決める
> 色はお店の印象を決める大切な要素。イメージに適する色を選ぼう
> ＜おもな色のもつイメージ＞
> 青→信頼、責任感、安定感、安全
> 赤→明るさ、情熱、挑戦、力強さ
> 緑→平穏、新鮮、健康
> 黄→楽観、明るさ、エネルギー
> 茶→永続、安定、高級
> 紫→神秘、知的、好奇
> ピンク→暖かさ、若々しさ、楽しさ、ロマンチック、恋
> オレンジ→楽しさ、活力、豊かさ、社交性

STEP 3 書体（フォント）・図柄を決める
> 書体もイメージに影響するので、慎重に選択
> ＜おもな書体のイメージ＞
> ・ゴシック系→現代性、先進性、安心感
> ・明朝系→品格、信頼、伝統、洗練
> ・丸文字系→親しみやすさ、優しさ
> ・イタリック→スピード感

＜nails.antheに学ぶロゴの制作ポイント＞
☆制作前に決めた方向性

・装飾やカーブの多い、女性らしい繊細なデザインとは異なるものに
・シンプルだけど、インパクトがある個性的な感じのものに

- 5本の枝が「5本の指」＝「手」を表している
- antheとは、「安坐」のこと。「お客さまが安心して座れるように」との思いを込めた。また、女性向けのネイルサロンには珍しい濁点をあえて取り入れ、独創的なデザイン性や男性的な色気を表現した
- 安心感を与えるゴシック系の書体に、細身のシンプルな図柄を施すことで、落ち着きと斬新さの両面を上手に伝えている
- 「ドット」の種から木が生え、これからどんどん葉をつけていくイメージにするため、あえて枝のみのデザインとした
- 「t」のお尻を伸ばして、お客さまが安心して座っている様子を表現。デザイン的にもアクセントが加わった
- デザイナーのアドバイスで、斜めにカット

nails. anthe

実践的アドバイス⑤

看板、紹介状、ホームページ、etc.
人気店に学ぶ！集客ツール図鑑

人気店とそうでないお店の違いは紙一重。
ちょっとした工夫や心づかいの違いが集客の明暗を分けます。
実際の集客ツールから、成功のヒントを見つけましょう！

● 街頭でもお客さまとコミュニケーション（Private nail salon Lunar）

お店は5階のため、通りからは少々気づかれにくい立地。そのマイナス条件を補うために、立て看板に道標を設置。そのことで逆に「気が利く」お店の印象を強めている

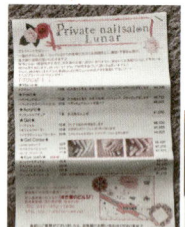

写真ではわかりづらいが、通行人が自由に取っていけるようチラシを設置

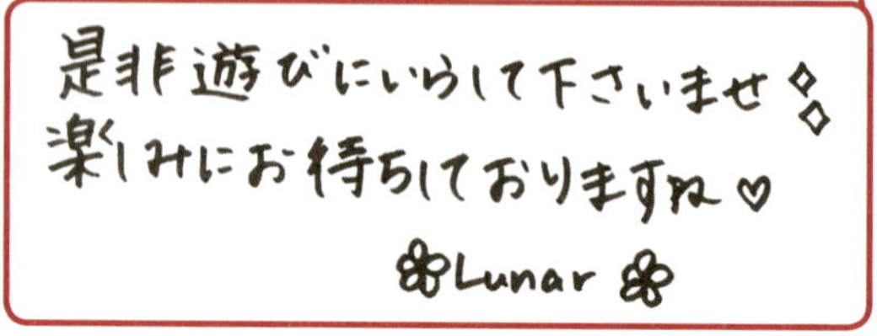

何のお店かひと目でわかるようにネイルの実例写真を添付

チラシの裏には、1枚1枚手書きのメッセージ。好感度、大幅アップ！

> 是非遊びにいらして下さいませ☆
> 楽しみにお待ちしておりますね♡
> ❀Lunar❀

140

第5章　リピーターを獲得しよう!

●紹介カードも手書きで親しみやすく（CHANTER-a）

上の写真は紹介カードのオモテとウラ。オモテには「○○様のご紹介」と紹介者の名前を記入する欄がある。ウラは手書きにし、親しみやすさを演出

●思わずまた来店したくなる楽しげなデザイン（EYELASH SALON Lea）

割引カード。オモテ面に、来店から2週間以内なら30％オフ、3週間以内なら20％オフ、4週間以内なら10％オフと記載。明るいイメージのロゴが再来店をうながす

●部屋に飾りたくなるようなハイセンスなお礼状（nails.anthe）

各種サンキューカード（礼状）。アイデア勝負のものから、ネイルの作品を見せるものまで、バリエーションをつけて楽しんでもらえるように工夫

●集客効果を生み出す4つのキーワードを網羅（CHANTER-a）

☆ホームページ（トップ画面）

☆施術の説明ページ

POINT5　つややか　〔効果〕

蜜のような質感のベースのクリアなジェルを、爪の上に専用の筆でのばして、作ります。ナチュラルで透明感のある、仕上がりになります。　〔根拠〕

☆ギャラリーページ　〔事例〕

ホームページ、SNSの制作ポイント①
☆検索されることの多いキーワードを記事に盛り込み、検索表示の上位をめざす
☆ホームページやブログには、以下の4つの要素を盛り込む
・**効果**→自分のお店で施術を受けると得られるメリット
・**根拠**→「効果」の根拠を論理的に説明
・**事例**→施術の実例、お客さまの声など
・**信頼**→第三者からの推薦文やQ&A

☆Q&Aページ　〔信頼〕

|当サロンについて、これまでにお客様からいただいた、よくあるお問い合わせをご紹介いたします。

○Nail（ネイル）について

Q01. スカルプチュアとジェルの違いはなんですか？
Q02. ジェルはどの位もちますか？
Q03. ジェルにはどんな種類があるのでしょうか？
Q04. フィルイン（お直し）とはなんですか？
Q05. 基本的なネイルケアは、どれくらいに1回が適当ですか？
Q06. 自分でジェルなどをはずしたいんですけど・・・
Q07. 初めてネイルサロンに行く時、気をつけることはありますか？

第5章　リピーターを獲得しよう！

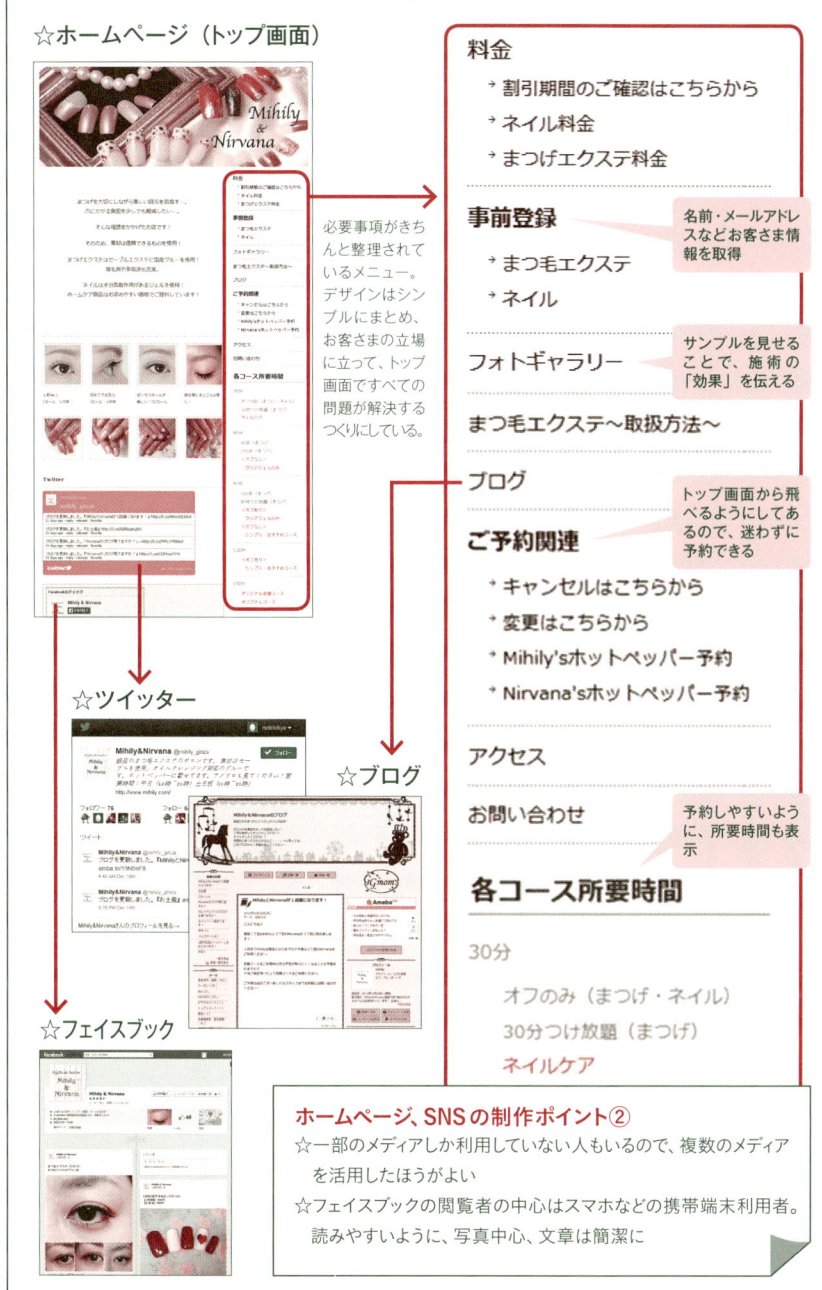

●複数のメディアを使いこなして集客 (Mihily & Nirvana)

☆ホームページ（トップ画面）

必要事項がきちんと整理されているメニュー。デザインはシンプルにまとめ、お客さまの立場に立って、トップ画面ですべての問題が解決するつくりにしている。

料金
- 割引期間のご確認はこちらから
- ネイル料金
- まつげエクステ料金

事前登録　→ 名前・メールアドレスなどお客さま情報を取得
- まつ毛エクステ
- ネイル

フォトギャラリー　→ サンプルを見せることで、施術の「効果」を伝える

まつ毛エクステ～取扱方法～

ブログ　→ トップ画面から飛べるようにしてあるので、迷わずに予約できる

ご予約関連
- キャンセルはこちらから
- 変更はこちらから
- Mihily'sホットペッパー予約
- Nirvana'sホットペッパー予約

アクセス

お問い合わせ　→ 予約しやすいように、所要時間も表示

各コース所要時間

30分
- オフのみ（まつげ・ネイル）
- 30分つけ放題（まつげ）
- ネイルケア

☆ツイッター

☆ブログ

☆フェイスブック

> **ホームページ、SNSの制作ポイント②**
> ☆一部のメディアしか利用していない人もいるので、複数のメディアを活用したほうがよい
> ☆フェイスブックの閲覧者の中心はスマホなどの携帯端末利用者。読みやすいように、写真中心、文章は簡潔に

採用・育成

お客さまに愛されるスタッフの見つけ方・育て方

お客さまに対して「スタッフだから」という言い訳は通用しない。
よい人材を採用してスキルを教え込み、質の高いサービスを提供しよう。

優秀な人材を見きわめる3つの採用ポイント

お客さまは、あなたもスタッフも区別しません。態度の悪いスタッフが一人でもいれば、店の評判を下げ、客足は遠のきます。

このように、お店の存続にかかわるスタッフの採用は慎重に行わなければいけません。では、どんな点をポイントにすればいいでしょうか？

ひとつは、言うまでもなく施術のスキルです。1000円もしないラーメン店ですら、味の落ちるお店を選んで通う人はいません。客単価1万円前後もするサロンならなおさらのこと。投資に見合うだけのリターンが求められます。

ポイントの二つめは、お客さまと言葉や心のキャッチボールができることです。明るさや礼儀を重視しがちですが、明るすぎるスタッフを苦手とする人もいますし、礼儀正しすぎるとお客さまとの距離を縮められません。肝心なのは、お客さまのニーズを理解し、相応の対応ができる本当のコミュニケーション能力にあるといえるでしょう。

そして最後に、あなたと相性が合うこと。広くないスペースで、ほぼ毎日顔を合わせるのですから、一緒にいることがストレスになる相手は避けるべきです。

マニュアルを作成しスタッフの意思統一を図る

スタッフによってサービスの水準にバラつきがあったり、施術のスタイルが異なったりするのは好ましくありません。基本的なサービスについては均一であることが望まれます。

こうしたオペレーションや意思統一を図るため、「接客」「施術」に、簡単なマニュアルを作成すると「アフターフォロー」などをテーマいいでしょう。

作成の注意点は、細かく規制し過ぎないこと。ポイントのみをまとめ、あとはスタッフの個性を生かせるようにしましょう。

▼プレオープン

実際のオープンに先駆け、招待客などに限定して営業を行うもの。招待客は本当のお客さまとして来店し、お店の雰囲気や接客、施術等について検証してもらう。

通常、招待客になるのは、家族や知人、取引先の関係者など。遠慮することなく率直な感想や意見を言ってもらえる人を選ぶ。

お披露目の意味合いもあるので、料金は取らないのがふつう。

マニュアルづくりのポイント

挨拶・お出迎え

- 挨拶のフレーズ、お辞儀の仕方、声の大きさなど。また、どの時間帯から「こんにちは」を「こんばんは」に変更するかなども決めておくと、統一感がとれる。
- はじめてのお客さまへの対応を決めておく。問診票への記入、システムの紹介など。

オーダーを受ける・店内誘導

- オーダーを受ける際のルールや確認事項を決めておく。お茶やドリンクを出すか？　どのタイミングでメニュー表を提示するか？　スタッフの指名はあるか？
- 受付から施術する場所への誘導の手順やその際のトーク内容などを決めておく。

施術

- オーダーの再確認、施術内容についての説明など、施術をはじめる前にすべきことをまとめる。
- 施術のオペレーションについて統一を図る。
- 会話を積極的に楽しむお客さまもいれば、施術の時間を静かにゆったりと過ごしたい方も。それぞれどのように対応するか、会話の文例集なども作成しておくといい。

施術後・会計

- 施術に漏れがないかなど、施術終了時の確認事項を決めておく。
- 施術後、その日の感想を聞くか聞かないか、お茶などの飲み物を出すか出さないか、またその出し方などについて統一する。
- 会計時のトークや見送り方などもマニュアル化し、どのお客さまに対しても、均一のサービスを提供できるように。

❋ Column　不測の事態に備えて代行スタッフの確保を

開業リスクを減らすため、自分一人ではじめるサロンはまずらしくない。

この場合、気をつけたいのは、不測の事態に対しての備え。たとえば、数週間先まで予約が埋まっている状態での突然のインフルエンザ。発症後1週間程度は他人との接触を避けなければならない。

急な休業で予約のお客さまに迷惑をかけるとともに、これを契機に他店に流れてしまうことも十分考えられる。

そのため、普段からどうしても自分の都合の悪い時に協力してくれる人を確保しておきたい。

現在、スクールに通っているのなら、同期生同士で協力し合い、助け合えるような関係を築いておこう。同じスクールの関係者なら、施術法も近いため、安心して任せることができる。

集客方法

キャンペーンやイベントで集客アップを成功させよう

キャンペーンやイベントは集客施策の定番だが、失敗例も多い。お客さまはどんな内容に魅力を感じ、実施の際にはどんな点に注意が必要なのだろう。

割引キャンペーンには隠れたデメリットも

キャンペーンといえば、すぐ思い浮かぶのが割引キャンペーン。「オープン割引」「初回限定割引」「期間限定割引」など、いずれもお得感が伝わりやすく、一時的に見れば、集客効果は大きいといえるでしょう。

しかし、大切なのは、こうして集客したお客さまのうち何人をリピーターとして獲得できるかです。

お客さまのなかには、「割引キャンペーン利用者本人の集客に加え、キャンペーンハンター」もいます。料金の安さだけを目当てにサロンをめぐるような人のことです。また、一般のお客さまであっても一度、割引料金で施術を受けると、通常料金が高く感じられるものです。

そのため、いくら集客効果が望めるといっても、割引額や割引期間については慎重な検討が必要です。

キャンペーン企画は"プラスα"を考えよう

では、どうすれば実り多いキャンペーンとすることができるでしょうか。ポイントは割引のねらいに加え、キャンペーン利用者本人の集客に加え、キャンペーン「プラスα」の効果が得られるものにすることです。

たとえば、同じ割引キャンペーンであれば、「来客数〇人突破キャンペーン」であれば、単に集客するだけでなく、「信用ある人気店」であることもアピールでき、他店と差異化することができます。「お誕生日キャンペーン」なら、1年に1度きちんとしたカタチで、日ごろのお客さまへの感謝の気持ちを付与できます。

このほか実質的には割引になりますが、「ネイルのみの料金で、まつ毛エクステも体験できます」といったように、いつもと同じ料金で、何か施術をプラスして、サービスを体験してもらうという方法も有効です。

また、友達の来店もプラスαされます、「お友達紹介キャンペーン」

▼サンキューレター

お客さまへ感謝の気持ちを伝える礼状のこと。来店への感謝のほか、トラブルがあったり、クレームを受けたりしたような場合も、問題解決後にサンキューレターを送っておくと、逆に好感度のアップにつながり、関係を深めることができる。

どんなカタチであっても、出さないより出したほうがリピート率のアップにつながるのはたしか。他店が出していなければ、それだけで差異化できる。

第5章　リピーターを獲得しよう！

月別のおもなキャンペーン企画

1月 January
新春（お年玉）サービスチケット
リピーターへは、年賀状にサービス内容を印刷するか、封書でチケットを同封する。

2月 February
バレンタインキャンペーン
ビューティー系の業種では、定番のキャンペーン。粗品を用意するのもあり。

3月 March
卒業キャンペーン
3月は、学生も社会人も行事が盛りだくさん。お洒落に決めたい。

4月 April
新生活スタートキャンペーン
新しいことをはじめたくなるシーズンの到来。新規顧客の獲得をめざそう。

5月 May
母の日サプライズギフト
リピーターが母の日のプレゼントとして、自分の母親を気軽にサロンに招くことができるようなサービスを用意。

6月 June
雨の日限定キャンペーン
外出が億劫になりがちな梅雨対策のキャンペーン。他業種でもよく行われている。

7月 July
七夕キャンペーン
このほか「浴衣キャンペーン」「夏祭りキャンペーン」など地域の催し物とリンクさせるのも手。

8月 August
夏ビューティーキャンペーン
素肌を見せることが多いシーズン。ネイルであれば、フットネイルをテーマにしたキャンペーンなどを考えてみよう。

9月 September
秋のお出かけキャンペーン
行楽シーズンをフックに、秋の新デザイン、新メニューなどを割り引き、体験してもらう。

10月 October
ブライダルキャンペーン
集客数アップのために、当月にこだわらず「3月末までにご結婚予定の方」と対象を広げるのも一案。

11月 November
冬のおシャレ先取りキャンペーン
「先取り」はキャンペーンのキーワード。お得感を簡単に演出できる。

12月 December
クリスマスキャンペーン
社会人ならボーナス時期。キャンペーン対象をセットメニューとし、客単価のアップを図るのも一法。

上記のほか、リピーター向けに「**お友達紹介キャンペーン**」「**お誕生月サービス**」を通年で用意！

Column　サンキューレターの作成のポイントは？

ポイントは次の4点。

① **封書よりハガキ**
開く手間のかからないハガキのほうが読んでもらえる確率が高まる。

② **来店から3日以内に出す**
感謝の言葉も時間が経つと効果が薄れるもの。どんなときに、どんなタイミングで出すのか、ルール化しておこう。

③ 「**5分**」で、「**あなた**」だけ
一通のレターを書くのに何十分もかかるようでは、負担が重く続かない。かといって、全員に同じレターを送っていると感じさせては、感動を与えられない。短文でかまわないので、来店時の会話や出来事にふれ、オンリーワンのレターであることが伝わるようにしよう。

④ **セールス文は×**
下心を見せないほうが○。DMなどとの区別が大事。

実践的アドバイス⑥

これだけは身につけたい おもてなしマナー

お客さまに快適な時間を過ごしてもらうために、きちんとした接客マナーを身につけましょう。好感をもたれる、丁寧な対応をすることが基本です。

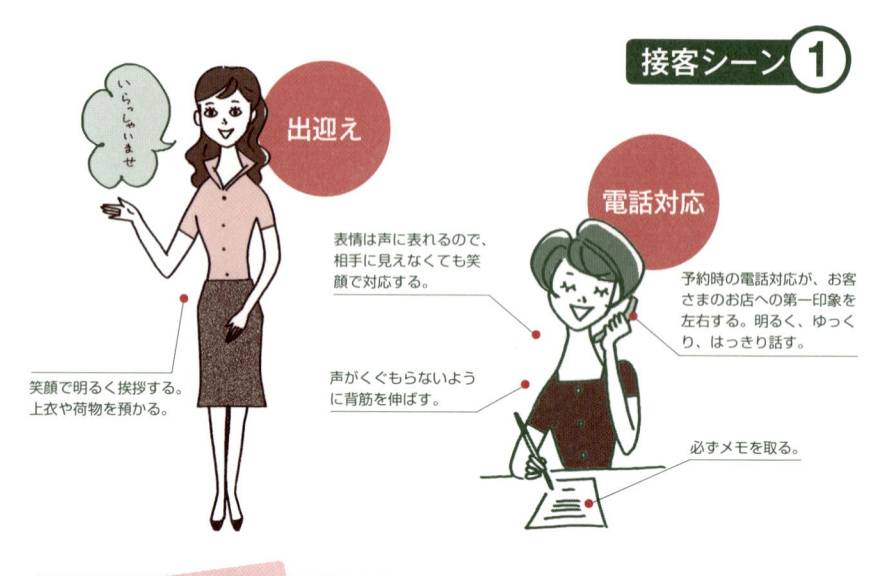

接客シーン ①

出迎え

「いらっしゃいませ」

- 笑顔で明るく挨拶する。上衣や荷物を預かる。
- 表情は声に表れるので、相手に見えなくても笑顔で対応する。
- 声がくぐもらないように背筋を伸ばす。

電話対応

- 予約時の電話対応が、お客さまのお店への第一印象を左右する。明るく、ゆっくり、はっきり話す。
- 必ずメモを取る。

お客さまを迎える前に

身だしなみ

- きちんとした印象を与える髪型と化粧。
- 清潔感があり、お客さまに不快感を感じさせない、仕事をしやすい服装。
- イヤリング、ピアス、ネックレスなどのアクセサリーをつけるなら、揺れない小ぶりなものを選ぶ。
- 好き嫌いがあるので、香水や香りのする整髪料や柔軟剤は控える。
- お客さまに触れる手、爪を清潔に保つ。ネイリストだからといって、派手な長いネイルでもいいとは言えない。清潔感のあるネイルを心がける。

清掃

- エントランス、施術ルーム、トイレなど、お客さまの目線で細かいところまでチェックする。

148

第5章　リピーターを獲得しよう！

接客シーン ②

施術

お客さま一人ひとりに合わせた会話をする。はじめてのお客さまは、様子を見ながら少しずつ話しかける。

話しかけても積極的な返事がないお客さまの場合、無理に会話をしようとしない。施術に集中して無言になりすぎない、話しすぎて手元をおろそかにしない。

カウンセリング

要望をしっかり聞く。職業や好みに合う提案をする。

接客シーン ③

見送り

明るくはっきりとお礼を言う。

預かった荷物をお返しし、上衣があれば、お客さまが羽織るのを手伝う。

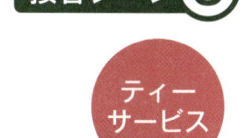

エントランスまで行き深く丁寧にお辞儀をし、お客さまが見えなくなるまで見送る。

ティーサービス

温冷どちらでも出せるように用意しておく。

支払い

お金の受け渡しは金額を声に出して確認し、トラブルを防ぐ。

次回の予約をうかがう。

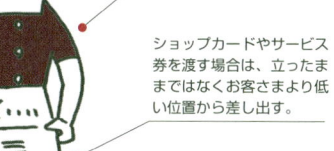

レシートを見せるとともに、口頭でも金額を伝える。

ショップカードやサービス券を渡す場合は、立ったままではなくお客さまより低い位置から差し出す。

店販品を売るには

店販品は利益に即つながる一方で、売り込み方によってはお客さまを失う危険性も……。無理のないアピール方法で、お客さまの関心を引く工夫をしよう。

お客さまを不快にさせず商品をさり気なく売り込もう

利益を追求しすぎてお客さまを見失わないこと

ネイルケア商品をはじめ、ハンド、ボディケアなどの商品をお店に置いてお客さまに売ることができれば、時間も手間もかけずに利益を得ることができるので、経営者にとって店販品は魅力的です。そのためついあの手この手で売り込みたくなりますが、多くのお客さまは、店販品のセールストークを快く思いません。

サロンを経営していくうえで店販品の売り上げ目標を設定すると、ノルマを達成するのに強引な売り込みをしかねません。無理強いしているつもりはなくても、知らず知らずのうちにお客さまに不快な思いをさせる危険性があります。「強引な売り込みをされた」と受け取られてしまっているお客さまの足を遠のかせてしまっては、元も子もありません。

そうならないように、最初から店販品の利益は見込まず、オプションとして置いておくくらいの気持ちが必要です。

自分が自信のもてる商品をお客さまのニーズに応じて提案

サロンでの店販は、お客さま一人ひとりの状態に合わせた提案が不可欠です。お客さまのほうから、「お店で使っているこの商品は売っても らえるの？」と訊ねられたり、ケアについて相談された場合は、店販品を紹介するよい機会です。

店販品は、自分がいいと思えるものでないとお客さまにうまく説明できません。自分自身で使用感を試して、納得のいく商品なら自信をもって勧められます。セールストークが苦手なら、手描きのPOPで商品の使用感やメリットを紹介しましょう。サンプルと一緒にウェイティングスペースに置いておくと、お客さまに親切です。お店の雰囲気に合わせたディスプレイをして、センスよくお客さまにアピールしましょう

▼品ぞろえを替える

いつ訪れても同じ商品しか並んでいないようでは、お客さまの関心が薄らいでいくもの。日々お客さまと接するなかで感じたニーズと、季節を意識した商品を、タイミングよく置くといいだろう。いつも同じものがお店にあるとは限らないことが、お客さまの購買意欲をそそることにもつながる。

150

店販品のディスプレイ術

◎ 注目度をアップして、わかりやすい説明を

ネイルデスクの真正面の壁にディスプレイ棚を設置。ライムグリーンの照明で注目度も高い。指先の乾燥を防ぐ保湿オイルなどの商品に使い方や成分・効果などの説明書きを添えている（CHANTER-a）。

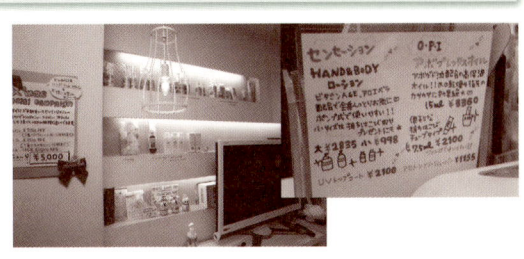

◎ 手描きの商品紹介で、親近感を与える

オススメの商品は、小さなブラックボードに手描きイラスト入りで紹介。指先や手の潤いを保つオイルなどの商品は可愛いカゴにディスプレイして、手に取りやすく（Petite Luxe）。

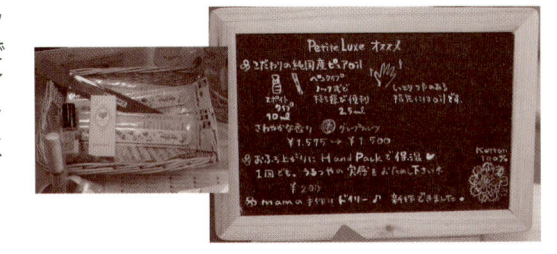

◎ 目につきやすい場所に、さり気なく置いて

関連商品の美容液、クレンジングクリームなどは、お客さまが会計を待つ間に、つい目が行く場所にディスプレイ。植物と一緒に置いたり、「スタッフもオススメ」という言葉を添えるだけでも効果あり（Attract Omotesando）。

✿ Column 手づくり雑貨をサロンで展示販売

あなたが「これはいい」と思ったものを置くことができるのは、自分のサロンならでは。肌にやさしい手づくり石鹸や自家製のアロマクリームなど、お客さまの興味を引きそうなものをディスプレイしてみてもいい。「プチ・リュクス」ではオーナーのお母さまがつくったドイリーを展示販売。ハーブやアロマも好きだという山根さんらしいサロンの雰囲気づくりにも役立っている。

「Petite Luxe」では、ドイリーの見せ方にもひと工夫している。

顧客管理

オープン後の売り上げ分析でお客さまのニーズを把握しよう

売り上げ記録の数字には、サロン運営に役立つ情報とヒントが詰まっている。オープン後の売り上げを客観的に分析し、リピートされるサロンをめざそう。

売り上げを分析し人気メニューと客層を知る

事前にいくらシミュレーションを行っても、いざサロンをスタートしてみると思いどおりにお客さまは来店せず、たいていの場合、最初の売り上げ目標には届かないものです。新規開業したお店が地元に定着するまでには時間がかかります。重要なのは、開業してからの軌道修正です。スタート直後は、月1回は売り上げの分析をしましょう。具体的には、来店の多い曜日や時間帯、人気の施術メニュー、不人気の施術メニュー、店販品の売れ筋傾向などを割り出します。そこから、どんな客層のお客さまが多く、どんなサービスが求められているのかをつかみます。

施術メニューや価格、接客マナー、営業時間、休日、レッスンやスクールの開催内容などを冷静に分析し、見直しを図ることも大切です。分析内容を今後の運営に反映させ、魅力あふれるサロンをめざしましょう。

顧客データを蓄積しサービス＆売り上げにつなげる

売り上げデータとともに作成したいのが、顧客データです。予約の際に名前と連絡先を聞くことはできますが、お客さまの属性の理解に役立つ、住んでいるエリアや職業、年齢などのパーソナルな情報は、施術中の会話を通して自然に聞き出しましょう。

顧客データが増えると、どのエリアのお客さまが多く来店しているのかがわかり、それ以外のエリアに特定して広告を打つこともできるようになります。

また、顧客データがあれば、バースデーカードを送るなど、サロンとお客さまとの関係を近づけるためのアクションを起こすことも可能になります。できればパソコンなどで顧客名を五十音順で管理し、いつ、どんな施術を行ったか記録も蓄積していきましょう。

▼来店動機を探る

お客さまがサロンを選ぶ基準として、「技術・立地・価格」の3つが挙げられる。売り上げ記録と顧客データを見れば、この3つのうち自店のどこに魅力を感じてお客さまが来店しているのか見えてくる。お客さま個々の来店動機を把握し、その期待を裏切らないようにしたい。

第5章 リピーターを獲得しよう！

売り上げ記録を活用しよう

顧客データ
- 氏名
- 生年月日
- 住所
- 職業
- 趣味 など

売り上げデータ
- 施術メニュー
- 店販品
- レッスン、スクールの授業料
- 来店日、時間帯

売り上げと顧客の傾向を分析し、売り上げアップをめざすなら、次の３つのうち１つでも多く達成しよう！

売り上げアップのためのポイントと対応策

来客数を増やす（新規客のキャッチ）
- 来店者の少ないエリアにポスティングする
- ブログやメルマガで情報を発信する

客単価を上げる
- 季節に応じた店販品のフェアを行う

来店回数を増やす（リピーターのキャッチ）
- バースデーカードを送り、誕生日をお祝いする
- 割引優待券を送る

リピーターのお客さまへ礼状やお中元・お歳暮を贈る

✳ Column　手間を惜しまずやっておきたい顧客のデータ管理

お客さまと接する時間が長いサロンでは、一度来店されただけのお客さまでも覚えてしまうもの。オーナー一人だけの小さなお店では、「わざわざデータ化しなくても、頭に入っているから大丈夫！」と考えるかもしれない。

しかし、データ化して客観的に見ることで気がつくことも多々ある。お客さまの好みが変わったり、スタッフが増えて情報を共有化するためにデータ化しようとしても、顧客数が多いと時間も手間もかかり、やる気が失せてしまう。面倒に思えても、はじめから着手して習慣化しておくのが得策だ。

施術時に気がついた点や、世間話の内容など細かなことも書き留めておくことで、お客さまのことをちゃんと覚えているというアピールにもつながる。

クレンリネスの徹底

お客さまに喜ばれる清潔で快適なサロンをつくろう

いつも清潔に保たれているサロンは、お客さまにも働く者にも気持ちがいい。すべての人に快適なお店づくりの基本であるクレンリネスを徹底しよう。

求められるのは清潔で落ち着いた癒し空間

お客さまがサロンに求めているのは、「すてきな内装、インテリア」「清潔さ」「リラックスできる癒し空間」です。ターゲットとなる世代、職業のお客さまが、どんなサロンを求めているのかを細かくリサーチし、店舗デザインに生かしましょう。

内装やインテリアでセンスのよさをお客さまにアピールすることも大切ですが、快適なサロンづくりの基本は、クレンリネスを徹底し、つねに清潔な空間にお客さまをお迎えすることです。

どんなに優れた技術と行き届いた接客を提供しても、店内が雑然としていて清潔感が感じられないと、お客さまは幻滅してしまい、リピートしてくれることはないでしょう。

掃除の担当と日程を決めて分担し、清潔な状態を保つようにしましょう。日々同じ空間で働いていると、慣れてしまって気がつかない部分があるので、お客さまの目線で抜かりなく掃除を行うことが大切。現代の消費者は少しの匂いにも敏感です。同じ空間に居て慣れていると、汚れよりも匂いのほうが気づきにくいので、いつも気を配るようにしましょう。サロンの隅々にまで意識がいくようになると、細かいことにも気がつくようになるものです。それが、お客さまに接するときに好影響となり、信頼関係を高めることにもつながります。

掃除中の細かな気づきが接客にも生きてくる

非常に目立つポイントが、電化製品のホコリや床に落ちている髪の毛、ガラスのくもりなどです。お客さまはどれか1つを見つけただけでも不快感を覚え、そのほかのきれいに掃除されている部分までもが、くすんで見られてしまいます。一人で切り盛りするサロンは自分でしっかり掃除し、スタッフを雇っているなら、

▼クレンリネス

クレンリネスとは、単に掃除をすればいいのではなく、サロンをつねに清潔に保つための一連の作業を指す。お客さまに喜ばれるクレンリネスは、サロン運営にとって欠かせない必須要素であることを忘れないようにしたい。サロンが清潔であれば、スタッフに働きやすい環境にもなり、サービス向上の助けになるはず。

第5章　リピーターを獲得しよう！

クレンリネス徹底はココをチェック！

受付
- □ 受付周辺を整理する
- □ レジ、電話、パソコンのホコリや手垢を取り除く
- □ お客さまが手に取りやすい場所に店販品を陳列する
- □ ウェイティングスペースの雑誌は最新号を置く

Nial Salon LAUREʻA

店頭（路面店の場合）
- □ 店頭の自転車や鉢植えなどを整える
- □ 植栽の手入れをする
- □ エントランス周辺、看板をきれいにする

CHANTER-a

施術室
- □ 道具を使いやすく配置する
- □ 爪を削った際に出る粉などはきれいに片づける
- □ 匂いのある材料を使う場合は換気に注意する

Attract Omotesando

その他
- □ ガラスや金属部（窓・鏡・蛇口）などをきれいに磨く
- □ とくにトイレは清潔に保つ
- □ 照明のホコリを取り除く
- □ トイレ、エアコンなどの匂いに気を配る

Petite Luxe

❋ Column　きれいに大事に使いリフォーム時期を遅らせる

オープン時にかかった内・外装工事や設備購入などの費用を無駄にしないためにも、クレンリネスの手間ひまを惜しまないようにしたい。長くきれいに使うほど、内装リフォームをする出費を抑えることにつながるはずだ。

とくにドアや床、窓は汚れやすいうえに、お客さまの目にもつきやすい。オープン時のきれいな状態を保つために、開店前には必ず掃除をしよう。

日々の掃除以外に、エアコンやバックヤードなどは定期的な点検と掃除を行ったほうがいい。クレンリネスが必要な場所はどこかを検討し、年間スケジュールに組み込んでおこう。

オープン当初の注意点

1年めは経営者としての自覚を高める期間と考えよう

開業当初はお店がにぎわうことがあっても、いいことばかりは続かないもの。客足の減少、売り上げ不振など、多くの経営者が直面する問題を解決するには……。

忙しいのは最初の1カ月だけ？

お店のオープン当初は、「開店景気」ともいわれ、お客さまが多く訪れるものです。しかし、忙しいのは1カ月ほどで、2〜3カ月を過ぎれば、急に客足が途絶えた、売り上げが伸びないという問題を抱えてしまうお店は少なくありません。

こうなると当然、軌道修正が必要ですが、「ライバル店に負けないように価格を下げよう」といった単純な考えは避けるべきです。ただ価格を下げることが、あなたのお店のお客さまにとって"お得感"につながるかどうか、よく考えてみましょう。

売り上げの伸び悩みには、じつはコンセプトと営業スタイルにズレが生じているということが珍しくありません。たとえば、若い女性向けに定額制を導入したが内装のイメージが合っていなかった。また、子どものいる主婦向けのサービスを売りにしたが、価格が適正ではなかった。シニア世代にも馴染めるようなお店づくりをしたが、集客につながらなかった、などです。

売り上げを回復するためには、104ページで説明したコンセプトづくりに立ち返り、顧客層のニーズに合わせたサービスの充実を図る努力を忘れないことが大事です。

長期的に経営を捉える習慣を身につけよう

開業から1年めは、まだ試行錯誤の段階です。売り上げの波があることや、お客さまの反応がわからないため、とくに最初の半年は一喜一憂するかもしれません。

1年間は顧客データを収集する期間と考え、経営の基盤固めを行いましょう。一時的に儲かったとしても、機器の導入やスタッフに還元したりせず、資金を温存しておくことが重要です。この期間に経営者としての自覚を高め、長期的に経営を捉える習慣を身につけましょう。

▼ **経営者としての自覚**

お店の経営をしていくうえでは、いつ、何が起きるかがわからない。病気や怪我でお店を閉めなければいけなくなっても、給料や家賃の支払いは待ってくれない。あらゆる不測の事態に備えるため、長いスパンで経営を捉えるようにしよう。

第5章　リピーターを獲得しよう！

コンセプトにふさわしい経営かチェックしよう！

接客

- ●顧客に合わせた接客ができているか
  → 子ども連れ、若い女性など、安心して施術を任せられる対応ができていること
- ●はじめてのお客さまでも不安がないか
  → カウンセリングでは十分に話ができていること
- ●アフターフォローにも配慮しているか
  → 日常での注意点や施術後のケアなど、お客さまにきちんと説明できていること

サロンのイメージ

- ●お店に入りにくくはないか
  → お客さまを迎え入れる状態を保っていること
- ●落ち着いて施術を受けられるか
  → インテリア、照明、BGMなど、すべてにおいて統一感があること
- ●サービスにふさわしい雰囲気か
  → 全体のバランスを崩すような要素がないこと

施術内容

- ●顧客が求めるサービスになっているか
  → 働く女性向けなら、癒し系メニューの充実を図るなど
- ●お客さまを満足させる技術は身についているか
  → 最新ファッションやスタイルの情報収集、必要な道具などの導入など
- ●お客さまの悩みをしっかり聞けているか
  → 相手の心を開かせる会話力をもっていること

価格設定

- ●顧客のニーズにマッチした価格設定になっているか
  → 若い女性向けなら定額制にするなど、お店ならではの工夫
- ●細かいオーダーにも対応できるか
  → 特別なデザインの場合の価格設定
- ●周辺エリアの相場との比較
  → 高いか、安いかまたサービスに見合った価格かどうか

Column　人を使うのも経営者としての大きな役目

お客さまは、一度でも嫌な思いをしたら、すぐにほかのお店に気を移してしまうものと考えよう。たとえば、スタッフの一人があからさまに次回の指名を要求したり、言葉遣いが乱暴だったりすると、コンセプトがしっかりしていても無駄になってしまう。

そうならないためにはスタッフとのコミュニケーションも大切になってくる。つねに均一なサービスを提供できる状態にしておくことは、経営者としての大きな役目。それが顧客獲得にもつながるはずだ。

開業をめざしてお店づくりを考えはじめた瞬間から経営者の目線になって、お客さまに愛されるお店をつくっていこう。

口コミを増やすコツ

サロン経営を長く続けるために信頼されるお店づくりを

評判がよく息の長いサロンをめざすには、オープン後こそ地道な努力が必要。「あのサロンいいわよ」と口コミですすめてもらえるように、信頼構築に励もう。

情報キャッチ、技術向上に励みリピーターを増やそう

ようやくオープンまでたどり着いたからといって、簡単に安心はできません。評判のよいサロンとして、競合店に打ち勝ち、長く生き残っていくためには、適正な料金設定、それに見合った安定した技術とサービスが求められます。

オープン後も、新しい技術の習得、メニューの見直しなど、現状に満足することなく、快適なお店づくりに向けた努力が必要です。技術だけではなく業界の最新情報にもアンテナを伸ばしておき、季節のトレンドやネイルカラーをお客さまに提案するなど、日々の地道な努力でリピーターをいかに増やしていくかがサロン成功のカギを握っています。

信頼度を高めるチャンスアフターケアを丁寧に

ネイルの場合、施術後にジェルが浮くことがあります。1週間以内に連絡が来れば無料でお直しをするのは、よくあるアフターケアのシステム。他店へ移らず、お客さまがお直しで再来店されたときは、マイナスをプラスに転換できるチャンスと捉えましょう。

お客さまの信頼度は高まりますと、次回へつなげるためにも、満足して帰ってもらうことが重要です。

お客さまの口コミ効果は絶大ですから、悪いウワサが広がると一気にお客さまが離れてしまいます。一方で、「あのお店はよい」と思ってもらえると、既存のお客さまが新規のお客さまを紹介してくれたり、インターネット上で口コミを発信してくれたり、そのPR効果は強力です。

お客さまの信頼を得ることは簡単ではありません。技術、料金、スタッフのすべてにおいて、お客さまに安心してもらえるお店づくりを心がけましょう。

▼リピーターの来店動機

お客さまがサロンを選ぶポイントは、はじめは「場所」「価格」が大きな決め手になるが、リピートする動機は、「個別ニーズへの対応」「スタッフとの相性」などが挙げられる。

施術時間の長いサロンでは、スタッフと気持ちよく会話できることが望まれる。何を話したのかをメモしておき、再来店時の話題に取り入れると好印象。少しずつ信頼関係を築こう。

技術向上＆口コミを増やすには

■技術向上のための方法

◎情報収集
業界誌やインターネットなどで、技術やトレンド情報を集めよう。また、日々のサロン業務が忙しくても、お客さまとの会話に生かすためにも、テレビや雑誌でいま何が注目されているかを押さえておくことも大切だ。

◎コンテスト出場
ネイル業界では、技術を競い合うコンテストが行われる。たとえ結果が出せなかったとしても、技術向上になる以外に、業界のレベルがわかるという収穫もある。

◎スクールに通う・資格取得
他店と差別化できる、または近隣の競合店が取り入れていないメニューや新しい技術を習得するために、新たにスクールに通う人が多い。

◎勉強会を行う
同じ規模、レベルのサロンをインターネットなどで探して、勉強会や研修会を行う。お互いの技術を補完し合い、技術向上、新メニューの開発をめざすことができるほか、同じ境遇の者同士で悩みを共有することもできる。

■口コミを増やすための方法

◎お客さまとコラボ
お客さまや地元でものづくりをしている人に、作品展示や販売の場として、サロンの一部を提供。幅広い層の集客につながり、口コミとして情報が伝わりやすい。

◎店販品をそろえる
サロンで使用しているオイルや、ティーサービスで提供しているハーブティーなどを販売。「あのサロンで売っている〇〇」と記憶してもらうとリピートにつながり、友人などに口コミをしてもらいやすくなる。

✿ Column　クレームをきっかけにお店の見直しを図る

クレームやトラブルはなるべく起こらないように、普段から注意が必要だが、万一クレームがあったときは、迅速かつ誠意をもって対応しよう。

お店に不満や問題があっても、黙って去って2度と来店しないお客さまが多いもの。その場合、お店側がその理由を知ることはできない。

そうした意味では、お客さまからクレームやトラブルをいただくことは貴重だといえる。自分では気づかなかったウィークポイントを知る絶好の機会であり、お店をよりよくするためのヒントをお客さまからいただいたと考えて、前向きに捉えよう。

（ありがとうございました）

著者紹介

Business Train
(株式会社ノート)

起業・開業・ビジネス分野のコンテンツ制作から支援までを行うエキスパート集団。小さな会社やお店の取材は500件を超え、現場から抽出した実践重視の解説で高い評価を得ている。著書に『小さな「バル」のはじめ方』『小さな「パン屋さん」のはじめ方』(河出書房新社)、『小さな会社 社長が知っておきたいお金の実務』(実務教育出版)、『フリーランス・個人事業の青色申告スタートブック3訂版』(ダイヤモンド社)、また主要メンバーの編集協力作品に『お店やろうよ!シリーズ①〜㉔』(技術評論社)など多数。

問い合せ先:info@note-tokyo.com

装丁・本文デザイン	ヤマムラユウイチ(CYKLU)
店舗イラスト	佐藤隆志
本文イラスト	里見敦子
撮影	坂田隆/吉村誠司
編集・執筆協力	伊藤彩子/三浦顕子/原田貴世/永峰英太郎/鷲島鈴香/嶺山量子
DTP	株式会社明昌堂

本書へのご意見・ご感想は、ハガキまたは封書にて、以下の住所でお受け付けしております。電話でのお問い合わせにはお答えしかねますので、あらかじめご了承ください。

問い合わせ先

〒162-0846
東京都新宿区市谷左内町21-13
株式会社 技術評論社　書籍編集部
『はじめての「ネイル&まつげサロン」オープンBOOK』感想係

お店やろうよ！㉕
はじめての「ネイル&まつげサロン」オープンBOOK

2014年3月5日　初版　第1刷発行

著者	Business Train(ビジネス トレイン)
発行者	片岡巌
発行所	株式会社技術評論社 東京都新宿区市谷左内町21-13 電話 03-3513-6150 販売促進部 　　 03-3267-2272 書籍編集部
印刷/製本	日経印刷株式会社

定価はカバーに表示してあります。
本書の一部または全部を著作権法の定める範囲を超え、無断で複写、複製、転載あるいはファイルに落とすことを禁じます。

©2014 Note Inc.

造本には細心の注意を払っておりますが、万一、乱丁(ページの乱れ)や落丁(ページ抜け)がございましたら、小社販売促進部までお送りください。送料小社負担にてお取替えいたします。

ISBN978-4-7741-6290-4 C0034
Printed in Japan